Perspectivas e Tendências Atuais do Estado Constitucional

Coleção **Estado e Constituição**

Diretor/Organizador
Jose Luis Bolzan de Morais

Conselho Editorial
Jose Luis Bolzan de Morais
Lenio Luiz Streck
Leonel Severo Rocha
Ingo Wolfgang Sarlet
Jania Saldanha

Conselho Consultivo
Andre-Jean Arnaud
Wanda Maria de Lemos Capeller
Michele Carducci
Emilio Santoro
Alfonso de Julios-Campuzano
Jose Manuel Aloso Linhares
Roberto Miccú
Franceso Rubino

P438p   Pérez Luño, Antonio Enrique.
          Perspectivas e tendências atuais do Estado Constitucional/Antonio Enrique Pérez Luño; tradução Jose Luis Bolzan de Morais, Valéria Ribas do Nascimento. – Porto Alegre: Livraria do Advogado Editora, 2012.
          105 p.; 21 cm. – (Coleção Estado e Constituição; 14)
          ISBN 978-85-7348-809-8

          1. Direito e política. 2. Direito constitucional. 3. Direitos fundamentais. 4. Direito - Filosofia. 5. Proteção ambirntal. 6. Julgamentos. I. Morais, Jose Luis Bolan de. II. Nascimento, Valéria Ribas do. III. Título. IV. Série.

CDU 34:32
CDD 340.1

Índice para catálogo sistemático:
1. Direito: Política   34:32

(Bibliotecária responsável: Sabrina Leal Araujo – CRB 10/1507)

Estado e Constituição – 14

ANTONIO ENRIQUE PÉREZ LUÑO

PERSPECTIVAS E TENDÊNCIAS ATUAIS DO ESTADO CONSTITUCIONAL

TRADUÇÃO
Jose Luis Bolzan de Morais
Valéria Ribas do Nascimento

Porto Alegre, 2012

© Antonio Enrique Pérez Luño, 2012

Capa, projeto gráfico e diagramação
Livraria do Advogado Editora

Revisão
Rosane Marques Borba

Direitos desta edição reservados por
Livraria do Advogado Editora Ltda.
Rua Riachuelo, 1338
90010-273 Porto Alegre RS
Fone/fax: 0800-51-7522
editora@livrariadoadvogado.com.br
www.doadvogado.com.br

Impresso no Brasil / Printed in Brazil

Nota da organização

Damos a público mais uma obra para compor a "Coleção Estado e Constituição", por nós idealizada e dirigida, buscando contribuir para a compreensão das relações entre direito e política, para os novos vínculos sociopolíticos, para o estudo dos novos fenômenos político-jurídicos.

Mais um autor internacional disponibiliza suas reflexões e seus olhares acerca de fenômenos cruciais para a compreensão dos dias atuais.

Para nós, o elenco de autores que já compõem esta coleção é motivo de satisfação e, mais ainda, de orgulho. Tivemos a oportunidade de conjugar jovens pensadores e mestres consagrados – brasileiros e estrangeiros. Todos preocupados em expor olhares novos acerca das circunstâncias que envolvem Estado e Constituição – Estado Constitucional, constitucionalismo, direitos humanos, globalização etc. – nos dias atuais.

Somos imensamente agradecidos a todos que nos disponibilizaram seus estudos e suas preocupações, em particular àqueles que aceitaram compor este projeto, mesmo estando à distância, acreditando no trabalho que nos dispomos a realizar. Uma distância que, por óbvio, não nos separa, mas, mesmo assim, uma distância que implica a confiança na proposta que levamos a cada um deles.

Neste número, o Prof. Antonio Enrique Pérez Luño, da prestigiada Universidade de Sevilla, Espanha – um autor reconhecido internacionalmente, um professor com vasta produção acadêmica – nos oferece suas reflexões sobre três temas que de perto dizem com as instigações mais prementes e presentes na reflexão doutrinária mundial contemporânea: os direitos humanos, a temática ambiental e a função de julgar.

Assim, cremos que, mais uma vez, cumprimos com nossos propósitos: oferecer uma reflexão jurídica contemporânea, por primeira vez acessível em nossa língua.

Boa leitura.

Porto Alegre, fevereiro de 2012.

Prof. Dr. Jose Luis Bolzan de Morais
Diretor e organizador da Coleção

Sumário

Introdução..9

Capítulo I – A Metamorfose dos Direitos Fundamentais no Estado Constitucional 15

1. Apresentação: a teoria pura do direito e sua atual revisão..........15
2. O sistema constitucional dos direitos fundamentais e sua atual metamorfose..16
   - 2.1. Da unidade ao pluralismo 21
   - 2.2. Da plenitude à abertura jurisdicional............................25
   - 2.3. Da coerência à argumentação..28
3. Conclusão: transformações do sistema dos direitos fundamentais no estado constitucional 34

Capítulo II – A Tutela Ambiental como Finalidade dos Estados Constitucionais...41

1. Qualidade de vida e proteção ambiental como objetivos e tarefas do atual constitucionalismo..41
2. Aspectos da formação histórica da temática ambiental............42
3. Qualidade de vida e proteção ambiental como finalidade do estado constitucional..50
4. Conclusão. O constitucionalismo ambiental: uma garantia simbólica?..57

Capítulo III – A Função de Julgar no Estado Constitucional...........63

1. Apresentação: sobre a equivalência entre os termos "julgamento" e "direito"...63
2. O julgamento como fonte jurídica: os juízes criam direitos 64
3. Aproximação ostensiva: o âmbito espacial de "julgar" 72
4. A ação de julgar e suas dimensões..75

4.1. O ato de julgar como perceber 76
4.2. O ato de julgar como raciocinar 81
4.3. O ato de julgar como decidir 93
5. Conclusão: as três dimensões do julgar e o tridimensionalismo jurídico 100

Introdução

As diferentes épocas que definem o desenvolvimento do pensamento jurídico se caracterizam por uma peculiar sensibilidade. Em cada etapa histórica do Direito predomina um determinado catálogo de vocações, preocupações e interesses. Delineia-se sobre toda cultura jurídica o imperativo de dar respostas e desenvolver esses desafios que informam a existência coletiva. Partindo dessas premissas, não parece ousado identificar que a sensibilidade do momento presente está em contribuir com respostas para as grandes provocações de uma sociedade em constante e acelerada mutação. Para isso, parece necessário contar com métodos de análises esclarecedores do significado e função do Estado constitucional de Direito. Essa forma de Estado representa na atualidade o marco jurídico-político próprio das sociedades democráticas.

É provável que um dos aspectos, mais atuais e estimulantes, na trajetória do Direito Público, se manifeste na transformação do Estado social de Direito para Estado constitucional de Direito. Partindo de algumas óticas doutrinárias juspublicistas e, em particular, de premissas do neoconstitucionalismo, busca-se, hoje, um desenvolvimento geracional do Estado de Direito. Este enfoque tende a estabelecer um paralelismo simétrico entre a evolução das formas de Estado de Direito e a decantação de um de seus ingredientes delimitadores básicos: os direitos fundamentais. Mencionado paradigma explicativo enfatiza a dimensão triádica do Estado de Direito, que foi sucessivamente liberal, social e constitucional; e correlativamente dos direitos fundamentais, que foram evoluindo, das liberdades individuais, passando pelos direitos econômicos, sociais e culturais e, no presente, até os direitos de terceira geração. As três gerações de Estados de Direito correspondem, portanto, às três gerações de direitos fundamentais. O Estado liberal, que representa a primeira geração ou fase do Estado de Direito, é o marco em que se afirmam os direitos fundamentais de primeira geração, ou seja, as liberdades de signo individual. O Estado social, que evidencia a segunda geração do Estado de Direito, será o âmbito jurídico-político em que se postulam os direitos econômicos, sociais e culturais. O Estado constitucional, enquanto Estado de Direito de terceira geração, delimitará normativamente o meio espacial e temporal de paulatino reconhecimento dos direitos de terceira geração.

Caberia mencionar que as mudanças geracionais dos direitos fundamentais foram mudanças de paradigma. Essa possibilidade estabelece uma conexão entre as liberdades de terceira geração e os direitos e liberdades próprios do modelo "Estado constitucional". De acordo com esta hipótese explicativa, o Estado constitucional se caracteriza por ser a forma política que consagra plenamente o caráter normativo, não meramente programático, da Constituição; por conseguinte, emana a justicialidade dos direitos constitucionais e a abertura de casos e procedimentos adequados para garantia da eficácia de tais direitos.

Dentre as transformações mais diretamente implicadas nesta transformação do Estado de Direito até sua forma constitucional, assume caráter relevante o papel dos direitos e garantias fundamentais que operam em seu centro. Um dos traços informadores dos Estados constitucionais de Direito no presente é o fenômeno da "supraestatalidade normativa". Tal fenômeno supõe a adoção de valores, princípios ou regras jurídicas comuns no âmbito de ordenamentos diferentes, por efeito de certos atos de aceitação da estrutura normativa de determinadas organizações internacionais ou supranacionais, ou melhor, o reconhecimento implícito de valores ou normas jurídicas fora da área em que inicialmente foram promulgadas, a partir de sua vocação ou virtualidade global. Os valores próprios do Estado constitucional possuem, portanto, uma inequívoca vocação universalista e cosmopolita.

Integram este livro três capítulos, que correspondem a outras tantas indagações sobre o significado e problemáticas atuais do Estado constitucional. A obra, conforme o seu título, explora, trata das principais perspectivas e tendências da doutrina científica e dos sistemas normativos que proporcionaram a transformação do Estado de Direito até sua modalidade mais inovadora: o Estado constitucional.

A reflexão teórica, que este livro coloca em discussão, inicia-se com um estudo da metamorfose produzida no sistema de direitos fundamentais no centro do Estado constitucional no momento. Analisa-se, com especial ênfase, neste capítulo, a modificação atual dos princípios informadores dos ordenamentos jurídicos, nos quais os direitos fundamentais se inserem.

No centro dos denominados "direitos de terceira geração", que constituem o catálogo de liberdades próprio do Estado constitucional, assumiu um protagonismo inquestionável o direito a qualidade de vida e a proteção ambiental. O significado constitucional deste fenômeno ultrapassa os limites estritos de um novo direito fundamental, para representar um paradigma de reinterpretação de todo o sistema de direitos e liberdades do Estado constitucional. O capítulo segundo tem por objetivo o estudo desta problemática.

Existe amplo acordo entre os neoconstitucionalistas, no entendimento de que o Estado constitucional não seria o que é se não houvesse primado, entre seus objetivos básicos, pela garantia jurisdicional dos direitos fundamentais. Essa circunstância estimula o estudo da função judicial, como garantidora das liberdades, e sua contribuição para tutela do sistema constitucional em seu conjunto. Esta função de garantia constitui a temática básica do capítulo terceiro deste livro. Não se deve deixar de mencionar a importância da função, que corresponde a instâncias jurisdicionais na garantia das liberdades e a segurança jurídica no Estado constitucional.

Quando se chega próximo do final de nossa jornada universitária, acumulam-se algumas experiências intelectuais. A consciência do tempo e das tarefas realizadas convidam a fazer uma pausa no caminho e recapitular algumas questões. Comprovo, ao fazê-lo, que nestas páginas se reiteram temas e problemas sobre os quais versaram grande parte de minha atividade docente e de pesquisa nas últimas décadas. O estudo das liberdades, do Estado de Direito, do constitucionalismo e do neoconstitucionalismo, do sistema, interpretação e garantia dos direitos fundamentais..., seguem sendo os nós temáticos e problemáticos de minhas pesquisas universitárias. Quero pensar, contudo, que essas questões são aqui tratadas com premência, enfoques ou matizes novas: *eadem sed aliter*. O célebre *motto* hegeliano segundo o qual a Filosofia consiste na captação do tempo pelo pensamento pode ser levado para outros âmbitos da cultura, em particular, a cultura jurídica. Por isso, é tarefa indeclinável as mudanças que o tempo introduz nos direitos e garantias constitucionais.

A edição brasileira desta obra se deve ao amável convite do professor de Teoria do Estado e de Direito Constitucional da Universidade do Vale do Rio dos Sinos (Unisinos), Jose Luis Bolzan de Morais, que é Coordenador da prestigiosa Coleção "Estado e Constituição", publicada pela Livraria do Advogado em Porto Alegre. Meu reconhecimento se faz extensivo a meu amigo da Universidade de *Sevilla* Alfonso de Julios-Campuzano. Sua constante presença acadêmica no âmbito universitário do Brasil foi fator decisivo para promover a edição deste livro no âmbito desta cultura. Devo, igualmente, agradecer a cuidadosa tradução realizada por Valéria Ribas do Nascimento e Jose Luis Bolzan de Morais.

A cordial generosidade que revelam essas atitudes demandam, por conseguinte, testemunho de minha gratidão, que é sincera e profunda.

Sevilla, julho de 2010.

Capítulo I

A Metamorfose dos Direitos Fundamentais no Estado Constitucional

1. Apresentação: a teoria pura do direito e sua atual revisão

Na primavera do ano de 2002, fui convidado, na condição de professor de Política Criminal do Instituto Andaluz de Criminologia, a um período acadêmico na Oficina para Prevenção da Delinquência na Organização Internacional das Nações Unidas em Viena. Na ocasião desta visita, pude assistir e participar de algumas sessões de trabalho celebradas na sede vienense do *Hans Kelsen Institut*. No curso dessas atividades, comprovei a preocupação dos pesquisadores do Instituto, pertencentes a distintas áreas geográficas e culturas jurídicas, por manter incólume o legado doutrinário kelseniano frente ao "assédio" científico de determinadas concepções contemporâneas, especialmente influentes nos desenvolvimentos da teoria e filosofia jurídica (Hart, Rawls, Habermas, Dworkin, Alexy, Häberle...).

Tenho para mim que essas preocupações e inquietudes obsessivas em defender a teoria pura com relação a doutrinas e posturas teóricas e/ou metodológicas sobre o direito, correspondem a um erro de enfoque. A teoria pura do direito elaborada por Hans Kelsen é um modelo de coerência interna e, portanto, resulta dificilmente atacável pelo interior das premissas nas quais se expressa seu fundamento e desenvolvimento. Por isso, as doutrinas filosóficas e jurídicas que questionaram e questionam a teoria de Kelsen resultam pouco eficazes e convenientes quando pretendem desvirtuar "de dentro"; quer dizer, dos próprios postulados informadores de sua tese e das inferências que dela emanam.

Os herdeiros teóricos de Kelsen se fazem absortos em construir um baluarte especulativo capaz de resistir à confrontação intelectual com as concepções jurídicas atuais, que reputam opostas ou, por outro lado, revisionistas do legado científico do mestre vienense. Pessoalmente, não posso concordar com o que essa estratégia representa. Em meu entendimento, o risco de revisão ou superação da teoria pura do direito não reside nas eventuais críticas que frente a esta diretamente se colocam, mas sim, nas novas coordenadas que norteiam os sistemas jurídicos atuais e das quais as novas concepções jurídicas respondem com maior precisão e adequação que a teoria pura do direito.

A teoria pura do direito se apresentava e justificava a si mesma como uma teoria explicativa do direito positivo. Como se observa, o ordenamento jurídico dos Estados de direito contemporâneos experimentaram uma importante transformação em suas fontes,[1] assim como em seus postulados fundamentadores, hoje, precisa-se de novos marcos teóricos e paradigmas metodológicos capazes de dar conta dessa nova situação.

As reflexões que a continuação estabelece têm o propósito de fazer eco dessa metamorfose operada nos ordenamentos jurídicos, com especial atenção às suas repercussões no sistema dos direitos fundamentais.

2. O sistema constitucional dos direitos fundamentais e sua atual metamorfose

Na estrutura normativa das Constituições, ressaltam-se as marcas da cultura jurídica de seu tempo. O sistema

---

[1] PÉREZ LUÑO, A. E. *El desbordamiento de las fuentes del derecho*, Sevilla: Real Academia Sevillana de Legislación y Jurisprudencia, 1993.

de direitos fundamentais, que define a parte dogmática das Constituições dos Estados de direito, observam essas influências teóricas. No desenho constitucional dessa matéria, refletem-se algumas das concepções doutrinárias do sistema jurídico mais influentes no momento de sua elaboração. Disso se infere que, no constitucionalismo das últimas décadas, fizeram eco algumas das concepções mais relevantes e marcantes desse período.

A célebre *Teoria do ordenamento jurídico*, elaborada por Santi Romano (1918, cita-se pela ed. de 1963), a dimensão monodinâmica da ordem jurídica apresentada por Hans Kelsen na segunda edição de sua *Teoria pura do direito (1960)*, assim como a excelente síntese de ambas as concepções realizadas por Norberto Bobbio (1960), constituem fontes inevitáveis para a análise e a compreensão da ideia de sistema dos direitos fundamentais desenhado no constitucionalismo vigente no imediato passado.[2]

No volume monográfico sobre *Os direitos fundamentais*,[3] tive oportunidade de ocupar-me de alguns aspectos básicos da formação do conceito de sistema na ciência jurídica contemporânea, das relações entre os conceitos de sistema e ordenamento jurídico, da distinção entre os aspectos extrínsecos e intrínsecos dos sistemas constitucionais, assim como do debate doutrinário entre o monismo e o pluralismo como traços definidores dos ordenamentos jurídicos. Seria ocioso reiterar o já exposto. Não obstante,

---

[2] Cfr.: AGUIAR DE LUQUE, L. *Democracia directa y Estado constitucional*, Madrid: EDERSA, 1977; ALZAGA VILLAAMIL, O. *Derecho Político español según la Constitución de 1978*, Madrid: EDERSA, 1996; BOBBIO, N. *Teoria dell'ordinamento giuridico*, Torino: Giappichelli, 1960 (Existe trad. cast. de E. Rozo Acuña, em BOBBIO, N. *Teoría general del derecho*, Madrid: Debate, 1991); ROMANO, S. *El ordenamiento jurídico*, trad. cast. a cargo de Sebastián Martín-Retortillo y Lorenzo Martín-Retortillo, Madrid: Instituto de Estudios Políticos, 1963.

[3] PÉREZ LUÑO, A. E. *Los derechos fundamentales*, Madrid: Tecnos, 1984, (9ª ed. 2008); id., "El sistema de los derechos fundamentales", na obra *La Constitución a examen. Un estudio académico 25 años después*, ed. a cargo de Peces-Barba G. y. REMIRO, M. Marcial Pons, Madrid, 2005, p. 367 ss.; id., *La tercera generación de derechos humanos*, Thomson/Aranzadi, Cizur Menor (Navarra), 2006, p. 163 ss.

parece oportuno aludir às linhas constitutivas dos sistemas de direitos fundamentais, assim como as metamorfoses operadas nessa categoria constitucional nos últimos anos.

Aludir a um sistema constitucional dos direitos fundamentais sugere, de imediato, a questão da interdependência ou mútua implicação existente entre tais direitos; já que a unidade de sentido não aparece como uma qualidade das singulares formulações normativas de cada um dos direitos fundamentais, mas como uma característica de todos eles enquanto conjunto.

O tema da interconexão orgânica e finalista dos direitos fundamentais, ou melhor, sua dimensão sistemática, suscitou um interesse crescente na dogmática constitucional dos últimos anos. Não em vão, o processo de sistematização dos materiais normativos é um fenômeno paralelo ao da formação do Estado moderno, que foi adquirindo progressiva importância na medida em que foi crescendo o número e complexidade das regras integrantes do direito positivo estatal. Daí que, precisamente, a sistematicidade seja um dos traços definidores dos ordenamentos jurídicos mais evoluídos, no que opera como uma garantia de segurança jurídica. Com efeito, a sistematicidade permite um conhecimento, interpretação e, por conseguinte, aplicação do direito, fundada em critérios precisos e rigorosos, melhor que o arbítrio ou acaso.

Esta ideia de ordem e regularidade, que irradia do conjunto normativo para projetar-se em suas partes integrantes, é a que permite conceber os direitos e liberdades constitucionais como um sistema e, deste modo, abordar seu processo hermenêutico como busca pela unidade de sentido sistemático, das normas singulares formuladoras de cada direito fundamental.

O Tribunal Constitucional espanhol – como também, as principais jurisdições constitucionais de nosso entorno – sublinhou este aspecto ao recordar que a interpretação de alcance e conteúdo dos direitos fundamentais "há de ser feita, considerando a Constituição como um todo, em que cada preceito encontra seu sentido pleno valorando-o em relação com os demais, ou melhor, de acordo com uma interpretação sistemática" (STC 5/1983, FJ 3).

Doutrina corroborada em uma decisão posterior em que, fazendo referência a um dado chave na unidade de sentido dos direitos fundamentais – o seu conteúdo essencial –, indica que tal conteúdo "pode extrair-se em parte da própria Constituição, interpretada de forma sistemática, dado que a mesma é um todo em que cada preceito adquire seu pleno valor e sentido em relação aos demais" (STC 67/ 1984, FJ 2).

O reconhecimento explícito, por parte de nossa mais elevada instância de jurisdição constitucional, do caráter "sistemático" de nosso catálogo de direitos fundamentais, deixa em aberto, para posterior consideração, importantes questões.

Em primeiro plano, suscita o tema da relação entre a ideia de sistema constitucional e a noção de ordenamento jurídico, expressada também no próprio texto da Constituição. Com efeito, a Lei Superior de 1978,[4] de forma diferente dos documentos precedentes de nossa história constitucional, utiliza literalmente o termo "ordenamento jurídico" nos artigos: 1.1, ao enumerar os valores superiores do "ordenamento jurídico"; 9.1, quando estabelece a submissão dos cidadãos aos poderes públicos a Constituição e ao restante do "ordenamento jurídico"; 96.1, onde prescreve que os tratados internacionais validamente celebrados, uma vez que publicados oficialmente na Espanha, fazem parte do "ordenamento interno", e 147.1, ao assinalar que os Es-

---

[4] Nota da tradução: A Constituição da República Federativa do Brasil de 1988, inspirada na Constituição portuguesa de 1976 e na já mencionada Constituição espanhola, não utiliza literalmente a expressão "ordenamento jurídico", mas não deixa de possuir um caráter "sistemático", pois já no preâmbulo menciona "ordem interna e internacional"; ademais, possui dois títulos com as seguintes nomenclaturas: "Título VII. Da ordem econômica e financeira", "Título VIII. Da ordem social".

tatutos das Comunidades Autônomas são parte integrante do "ordenamento jurídico" estatal.

A alusão explícita de nossa Constituição ao conceito de ordenamento jurídico não pode considerar-se como uma figura retórica ou um dado casual, mas sim responde às exigências de funcionamento do direito em uma sociedade tecnicamente avançada. A Constituição espanhola, como norma suprema de um Estado de direito desenvolvido, ao apelar à noção de ordenamento jurídico, não faz senão reconhecer que o conjunto de regras que integram seu Direito positivo responde aos princípios básicos de: unidade, plenitude e coerência.

a) *Unidade*, quando sua estrutura constitui um todo único, claramente delimitado e específico, cujas características informam cada um dos elementos que o integram: as normas se definem a partir de seu pertencimento ao ordenamento jurídico, não o ordenamento em função das distintas normas singulares que o compõem. Isso conduz a postular que todo ordenamento jurídico possui uma norma ou regras fundamental que o identifica, que orienta e dirige a interpretação e aplicação das normas singulares que o integram. Em nosso ordenamento jurídico, a Constituição assume o papel de norma fundamental e em seu seio aparecem como ápice da estrutura hierárquica do sistema o conjunto de valores, princípios e direitos fundamentais. Desse modo, desprendem-se os artigos 1.1 e 10.1, do próprio texto constitucional.

b) *Plenitude*, já que todo ordenamento jurídico aspira a ser uma estrutura completa, no sentido de ser autossuficiente para regular todos os acontecimentos que se suscitem em seu seio, sempre que possuam relevância jurídica. O estatuto constitucional dos direitos fundamentais se apresenta como um sistema pleno, quando pretende responder a todas as exigências ou necessidades básicas pessoais e coletivas de nossa conjuntura histórica. Essa vocação de plenitude se manifesta em cláusulas tais como a postulada no artigo 10.1, onde se alude ao pleno desenvolvimento da personalidade, em que a jurisprudência e doutrina germanas (através da *la freie Entfaltung der Persönlichkeit* reconhecida no art. 2.1 da *Grundgestz*) observaram a cláusula de garantia do sistema dos direitos fundamentais, que possibilita sua adaptação aos flutuantes valores e necessidades que emergem da consciência social.

c) *Coerência*, isto é, a tendência de todo ordenamento jurídico a conformar-se como um todo ordenado: um conjunto de elementos entre os quais se dá uma ordem sistematizada. Se a unidade do ordenamento jurídico se dirige a definir seus sinais de identidade, e a plenitude a evitar as possíveis lacunas de sua estrutura, a coerência se orienta a eliminar as antinomias ou contradições que podem surgir em seu seio. Por isso, o sistema constitucional de direitos fundamentais, quando supõe a suprema expressão de ordem axiológica da comunidade, projeta sua unidade de sentido ao restante do sistema normativo, sendo o postulado guia hermenêutico de todo o ordenamento jurídico e político, ao mesmo tempo que reúne a Constituição formal com a Constituição material.

Nestes últimos anos, produziu-se uma tendência orientada a matizar o sentido dessas notas constitutivas do ordenamento jurídico e, por conseguinte, o deslocamento das mesmas até novas categorias, que expressam os novos rumos da dimensão sistemática dos direitos fundamentais. Convém apontar aqui, por sua atualidade e como antecipação de projeções futuras, uma breve referência a esse fenômeno.

2.1. Da unidade ao pluralismo

Um dos sinais mais relevantes da atual conjuntura do sistema de direitos fundamentais no constitucionalismo democrático foi o deslocamento de seu centro de gravidade, do postulado em seu caráter unitário ao seu significado pluralista.

É provável que tenha sido Peter Häberle o constitucionalista mais atento a captar e expressar essa nova condição do sistema das liberdades. Esta multiplicidade dentro de facetas se nutre de todo um amplo leque de procedimentos formalmente bem diferenciados e com distintos graus com relação a sua efetividade.

Em sua obra *Pluralismo e Constituição. Estudos de Teoria Constitucional da sociedade aberta*, definem-se com segurança os elementos conformadores dessa instância pluralista até a que agora orienta o sistema dos direitos fundamentais e sua consequente interpretação. O modelo de pluralismo que postula Häberle manifesta como: "multiplicidade de ideias e interesses, ou vice-versa, no seio de uma determinada comunidade política, dentro dos parâmetros do *aqui e agora*. Esta multiplicidade de facetas se nutre de todo um amplo leque de procedimentos, formalmente bem diferenciados e com diferentes graus com relação a sua efetividade". Esse conjunto de ideias faz referência a pressupostos fáticos e a valores, concretizando-se em situações de consenso ou de conflito no centro das sociedades democráticas. A tensão dialética permanente em que se desenvolvem estes fenômenos e ideias conduz a determinadas alternativas. O pluralismo implica basicamente a "abertura" do sistema constitucional: "suas teorias e doutrinas, suas interpretações e intérpretes – sobretudo em nível de direitos fundamentais –, e sua inerente dogmática jurídica, junto com seu posterior desenvolvimento".[5]

No sistema constitucional dos direitos fundamentais espanhol, encontram-se manifestações dessas tendências

---

[5] HÄBERLE, P. *Pluralismo y Constitución. Estudios de Teoría Constitucional de la sociedad abierta*, ed. a cargo de E. Mikunda, Madrid: Tecnos, 2002, p. 103; id., *Teoría de la Constitución como ciencia de la cultura*, trad., cast, de E. Mikunda, Madrid: Tecnos, 2000.

contrapostas representadas pelos princípios de unidade e pluralismo.

1) Por um lado, infere-se da CE que nossos direitos fundamentais constituem um sistema de valores objetivos dotados de uma unidade de sentido e que representam a suprema expressão de ordem axiológica de nossa sociedade, assim como também da comunidade internacional a que pertencemos. A existência dessa unidade de sentido é que explica a razão de ser da solene afirmação constitucional da dignidade da pessoa, no próprio Título I. Uma unidade de sentido que, na continuação, se reitera com a exigência de que os direitos e liberdades constitucionais sejam interpretados em conformidade com a Declaração Universal de Direitos Humanos da ONU e dos tratados e acordos internacionais subscritos pela Espanha, em matéria de direitos fundamentais. Unidade que se reflete também no reconhecimento constitucional de um conteúdo essencial dos direitos fundamentais, o que supõe aceitar que estes possuem um núcleo prévio cuja objetividade deverá respeitar ao próprio legislador (estas teses têm adquirido amplo eco na jurisprudência constitucional, ver, por exemplo, as SSTC 11/1981; 13/1984; 196/1987; 71/1994...).

2) Mas, junto a essa unidade básica, nossa ordem axiológica constitucional, responde a uma estrutura aberta e dinâmica, corolário do pluralismo político, consagrado também em nossa Lei das leis como valor superior do ordenamento jurídico. Nosso estatuto de direitos e liberdades se faz, desse modo, fundado em uma ordem pluralista, combinada com uma sociedade aberta. Esta estrutura pluralista é a que legitima os representantes parlamentares para uma concretização e desenvolvimento legislativo dos direitos fundamentais, de acordo com as aspirações sociais manifestadas pelas maiorias. De igual modo, o próprio processo hermenêutico constitucional atua com um leito aberto às distintas exigências e alternativas práticas, ou melhor, como uma instância crítica capaz de "ponderar os bens", a

fim de resolver e canalizar os conflitos que podem dar-se entre os diversos valores e interesses tutelados pela normativa constitucional (vid., sobre isso, as SSTC 101/1983; 32/1985; 163/1991; 30/1993...).

A jurisprudência de nosso Tribunal Constitucional tende a conjugar, através do equilíbrio e ponderação interpretativa, os postulados da unidade e pluralismo em nosso sistema constitucional dos direitos fundamentais.[6] Uma leitura inicial do artigo 139, 1 da CE, que postula a igualdade de direitos e obrigações de todos os espanhóis em qualquer parte do território do Estado, assim como do artigo 149. 1, que corrobora esta ideia ao prescrever a competência exclusiva do Estado no que se refere a "a regulação das condições básicas que garantam a igualdade de todos os espanhois no exercício dos direitos e no cumprimento dos deveres constitucionais", poderia fazer pensar na existência de um absoluto monopólio estatal na fixação do sistema dos direitos fundamentais. No entanto, o alcance deste preceito não é o de consagrar uma uniformização no regime de todos os direitos e liberdades, mas sim o de estabelecer a garantia de seu exercício em condições básicas de igualdade. Tese desenvolvida explicitamente por nosso Tribunal Constitucional ao colocar em evidência que a igualdade de direitos e obrigações em qualquer ponto do território nacional não pode ser entendida "como una rigorosa e monolítica uniformidade do ordenamento, da qual resulta que, em igualdade de circunstâncias, em qualquer parte do território nacional, tem-se os mesmos direitos e obrigações". Posto que a vontade legislativa de que as Comunidades Autônomas gozam potencialmente em nosso ordenamento tem uma estrutura composta, "por obra da

---

[6] PÉREZ LUÑO, A. E. *Derechos humanos, Estado de Derecho y Constitución*, cit., p. 295 ss.; PRIETO SANCHÍS, Luis. *Justicia constitucional y derechos fundamentales*, Madrid: Trotta, 2003, p. 175 ss.; VIDAL GIL, Ernesto. *Los conflictos de derechos en la legislación y en la jurisprudencia españolas. Un análisis de los casos difíciles*, Valencia: Tirant lo Blanch, 1999, p. 46 ss.

qual pode ser distinta a posição jurídica dos cidadãos nas diferentes partes do território nacional" (STC 184/1981, FJ2). Doutrina corroborada por uma decisão posterior que, com relação a simultânea articulação da diversidade de estatutos subjetivos com a unidade do ordenamento, estabelece-se que: "não é, em definitivo, a igualdade de direitos das Comunidades que garante o princípio de igualdade de direitos dos cidadãos (...); mas sim, é a necessidade de garantir a igualdade no exercício de tais direitos o que, mediante a fixação de algumas condições básicas, impõe um limite a diversidade das posições jurídicas das Comunidades Autônomas" (STC 76/1983 FJ2). Conclui-se, com tudo isso, que os Estatutos de Autonomia podem estabelecer o desenvolvimento do sistema constitucional dos direitos fundamentais que, respeitando as condições básicas de igualdade de seu exercício (no sentido de evitar qualquer tipo de privilégio, discriminação ou arbitrariedade em seu desenvolvimento estatutário), introduz modalidades que façam especial efetivação àqueles direitos que são de interesse prioritário em seu respectivo âmbito territorial. Esta possibilidade possui especial relevância com relação à fixação do estatuto dos direitos econômicos, sociais e culturais, cuja eficácia fica submetida à existência de uma infraestrutura que possibilite sua implantação. Foi instrutiva experiência da República Federal da Alemanha, onde as constituições dos *Lander* desenvolveram e completaram eficazmente o precário estatuto dos direitos sociais contidos na *Grundagesetz*. Nosso ordenamento constitucional permite articular a unidade básica dos direitos fundamentais, com o pluralismo de seu desenvolvimento e aperfeiçoamento através dos Estatutos de Autonomia.

2.2. *Da plenitude à abertura jurisdicional*

Outro dos sinais característicos do constitucionalismo atual, com imediata influência nas liberdades, é o de uma paulatina relativização do postulado da plenitude do ordenamento jurídico e seu deslocamento até a garantia de uma multiplicidade de instâncias jurisdicionais tendentes em articular a garantia efetiva dos direitos fundamentais. O caráter completo e pleno do ordenamento jurídico era corolário de sua condição de sistema único e fechado. Por isso, quando hoje se afirma a dimensão plural e aberta do ordenamento, necessariamente se questiona o traço de sua plenitude.

Os ordenamentos jurídicos e, em especial seu sistema de fontes, foram diretamente afetados pelo fenômeno do pluralismo. A superação do âmbito de referência estatal, produto da nova ordem de relações internacionais, foi traduzida em fontes que expressam uma *supraestatalidade normativa*. Mas o deslocamento do centro de gravidade no processo de determinação das fontes jurídicas não somente foi produzido pela aparição do poderes normativos superiores ao Estado. De forma paralela, produziu-se a ampliação de competências normativas por parte dos entes sociais intermediários, situados entre o cidadão e o poder estatal. Hoje, assiste-se a um fenômeno de *infraestatalidade normativa* manifestado no pluralismo de determinação de fontes jurídicas. Para aludir a essa situação, utilizou-se a metáfora do *"Transbordamento das fontes do direito*.[7]

Nesta nova conjuntura em que o ordenamento jurídico estatal se faz abarcado por outras instâncias normativas, aludir a inexistência de lacunas em seu seio perdeu grande parte do significado que detinha no período histórico anterior, como garantia da segurança jurídica dos cidadãos.[8]

No momento presente, faz-se especial referência à abertura no procedimento jurisdicional, mais que a plenitude do ordenamento jurídico, como garantia da tutela

---

[7] PÉREZ LUÑO, A. E. *El desbordamiento de las fuentes del derecho*, cit., p. 76 ss.
[8] PÉREZ LUÑO, A. E. *La seguridad jurídica*, Barcelona: Ariel, 1991, (2ª ed.1994), p. 30 ss y 78 ss.

das liberdades. Essa tendência fez eco doutrinário na obra coletiva *Critical Legal Thought*, que veio a ser para os anos 90 o que na década de 70 realizou o Congresso de Catania sobre o *Uso Alternativo do Direito*. Em sua contribuição à mencionada obra, Rudolf Wiethölter definiu como tarefa a ser cumprida nos anos imediatos pela teoria crítica do direito, como a "Proceduralização" das categorias jurídicas.[9] Essa tarefa se concretizou, na própria obra, por Erhard Denninger como um esforço pela garantia através do procedimento de um equilíbrio de posições entre os membros da sociedade democrática, nas relações entre particulares e destes com os poderes públicos. Esse *status activus procesualis*, que completaria a teoria dos *status* elaborada por Jellinek, constitui um fator chave dos Estados de Direito para assegurar o exercício pleno de todas as liberdades. Este *status* processual concebe-se como o reconhecimento de cada pessoa, de particular ativo, em assumir sua própria responsabilidade nos procedimentos que os afetam, assim como, nas estruturas organizativas. O plano de direitos fundamentais implica reconhecer a abertura e a proteção jurisdicional das liberdades, assim como acolher formas de participação dinâmicas e ativas por parte dos interessados nos procedimentos tendentes à formação de atos jurídicos.[10]

Fazendo-se eco dessa inquietude, reconheceu nosso TC que: "Para a ordenação adequada do processo, existem imposições, formas e requisitos processuais que, por afetar a ordem pública, são de necessária observância por sua racionalidade e eficácia", mas isso, também, supõe aceitar a validade de obstáculos processuais que "caracterizam-se por ser produto de um desnecessário formalismo

---

[9] WIETHÖLTER, R. "Proceduralization of the Category of Law", no vol. col. *Critical Legal Thought: An American-German Debate*, a cargo de JOERGES, CH. y TRUBEK, D. M., Nomos, Baden-Baden, 1989, p. 501 ss.

[10] DENNINGER, E. "Government Assistance in the Exercise of Basic Rights" (Procedure and Organization), no vol. col. *Critical Legal Thought: An American--German Debate*, cit., p. 461 ss.

e que não se compatibilizam com o direito a justiça". (STC, 95/1983, FJ.5. Vid. em sentido análogo as SSTC, 3/1983, FJ 1; 19/1983, FJ 4; 65/1983, FJ 4). Ainda que exista o maior interesse, do ponto de vista do reconhecimento por nossa jurisprudência constitucional do direito à jurisdição; quando se afirma na decisão que proclama: "o artigo 24.1 CE reconhece a todas as pessoas o direito a obter a tutela judicial efetiva dos juízes e Tribunais no exercício de seus direitos e interesses legítimos". O TC entende que o conteúdo básico do direito "em uma ordem lógica e cronológica é o acesso à jurisdição, que se concretiza no direito a ser parte em um processo e, como declarou este Tribunal Constitucional, poder promover a atividade jurisdicional que leve à uma decisão judicial sobre as pretensões deduzidas" (STC 220/1993, FJ2; vid., também, as SSTC 115/1984; 15/1985; 34/1989; 164/1991; 192/1992; 28/1993 e 101/1993).

No que se refere à tensão entre plenitude e abertura jurisdicional, os enfoques atuais das liberdades devem inclinar-se a uma postura mediadora. Cabe aludir aos atuais empenhos teóricos e práticos sobre a significação dos direitos fundamentais, um esforço de mediação entre as exigências, hoje, praticamente inalcançáveis, da absoluta plenitude do ordenamento jurídico e um procedimento entendido com relação às garantias processuais e abertura à jurisdição que são traços informadores das estruturas das instituições democráticas.

2.3. Da coerência à argumentação

A coerência, enquanto ausência de antinomias ou contradições normativas, era uma condição facilmente aconselhável dos ordenamentos jurídicos caracterizados pelas notas de unidade e plenitude. Quando essas notas resultavam questionadas, ao haver se desgastado a dimensão unitária, compacta, fechada e autossuficiente dos sistemas jurídicos e sua consequente transformação ao pluralismo, a abertura e a multiplicidade complexa de sua estrutura normativa; a coerência tornou-se uma condição praticamente inalcançável. Por isso, nos ordenamentos jurídicos dos Estados de direito resulta quase impossível garantir a inexistência de antinomias, e tende-se a substituir essa garantia de segurança jurídica pela existência de um amplo aparato argumentativo tendente a motivar a racionalidade das possibilidades existentes entre as normas e/ou as decisões jurisdicionais, que são inevitáveis nos ordenamentos abertos e complexos.

Se se pode considerar Peter Häberle como o grande teórico do pluralismo constitucional, com idêntica razão se deve reputar a Alexy como o mais qualificado estudioso da "argumentação jusfundamental". Alexy, tal como já foi apontado anteriormente, presta especial atenção doutrinária aos atuais processos tendentes a clarificar a teoria argumentativa, no seio dos processos que resgatam a racionalidade prática. Em sua obra *Teoria da argumentação jurídica*, levou a cabo um importante esforço intelectual tendente a sugerir regras e procedimentos dirigidos a garantir a racionalidade da argumentação jurídica. Pretende-se evitar, desse modo, que inevitáveis valorações do intérprete jurista degenerem em juízos de valor subjetivos e arbitrários. A referência às normas materiais e procedimentais aplicáveis ao caso, a obrigatória consideração dos precedentes, assim como as pautas orientadoras da Dogmática jurídica institucionalmente cultivada, constituem o horizonte em que se projeta a racionalidade prática do direito.[11]

Talvez o mérito principal da pesquisa de Alexy resida em seu esforço por estabelecer uma aproximação entre a argumentação jurídica, a partir da racionalidade prática e a análise lógica e linguística da racionalidade jurídica. Alexy concorda com os teóricos da argumentação, no sen-

---

[11] ALEXY, R. *Theorie der juristischen Argumentation*, Frankfurt a.M: Suhrkamp, 1978, (existe trad. cast. de M. Atienza e I. Espejo, *Teoría de la argumentación jurídica*, Madrid: Centro de Estudios Constitucionales, 1990), p. 32 ss y 263 ss.

tido de que a racionalidade jurídica não pode reduzir-se a esquemas de lógica formal, e rejeita que a interpretação do direito seja um ato de submissão mecânica, tal como se infere da atitude metodológica do positivismo legalista. Não obstante, entende que a racionalidade da argumentação jurídica não deixa de ser uma forma de "racionalidade", que deve obedecer a premissas de correção e rigor. O elemento básico para conseguir isso é com o procedimento.

A racionalidade jurídica não responde a infortúnio ou arbitrariedade, mas sim a "razões" que atuam como modelos justificativos da criação, da interpretação e da aplicação das normas. Essas justificações não somente se baseiam em fatores *estáticos* (a conformidade das premissas com o conteúdo de regras jurídicas ou metas positivas – Direito natural –; a estrita dedução entre premissas e suas consequências...); mas também, principalmente, em um elemento *dinâmico*: o procedimento argumentativo.[12]

Robert Alexy acolheu, desenvolveu e projetou à teoria do direito e a dos direitos fundamentais, as teses sobre o discurso prático e a teoria consensual da verdade defendidas por Jürgen Habermas. Segundo Alexy, um discurso prático é racional quando satisfaz as condições de uma argumentação prática racional. Quando estas condições se cumprem, o resultado do discurso é correto. A teoria do discurso é, portanto, uma teoria procedimental de correção prática. As condições que garantem a racionalidade do procedimento do discurso são resumidas por Alexy em um sistema de regras que guiam a atividade da racionalidade prática. Estas regras respondem a uma dupla exigência: 1) As que garantem a correção estrutural dos argumentos e que impõe, entre outras coisas, sua não contradição, a claridade linguístico-conceitual, a veracidade das premissas empíricas utilizadas, a exaustividade dedutiva dos argumentos, a consideração das consequências, a valoração

---

[12] ALEXY, R. *Theorie der juristischen Argumentation,* cit., p. 177 ss.

dos argumentos...; 2) As que garantem a *imparcialidade do procedimento* argumentativo e que fazem referência ao reconhecimento do direito a participar no discurso em condições de liberdade e de igualdade (qualquer pessoa capaz pode intervir no discurso, apresentar seus pontos de vista, desejos e necessidades; a nenhum participante se pode impedir que exercite suas faculdades reconhecidas nas regras do discurso)[13]

Robert Alexy entende que a argumentação jusfundamental possui algumas peculiaridades com relação às demais formas de argumentação jurídica. A fundamentação dos direitos nos valores éticos e sua vinculação com determinadas concepções e metas políticas exige que esta forma de discurso prático se detenha em regras procedimentais que avaliem sua racionalidade. Na tarefa de construir uma argumentação jusfundamental que responda as exigências de racionalidade, corresponde – com especial protagonismo – aos Tribunais Constitucionais. Alexy conclui que para dotar de segurança a argumentação jusfundamental: "é razoável a institucionalização de uma justiça constitucional cujas decisões podem e requerem ser justificadas e criticadas em um discurso jusfundamental racional".[14]

A tese de Robert Alexy permite-me inferir uma dupla consequência:

1ª) Que a teoria da argumentação jusfundamental supõe, de certo modo, um deslocamento da hoje questionada coerência do ordenamento jurídico; a coerência, em termos de racionalidade discursiva, das decisões jurisprudenciais referidas aos direitos fundamentais;

2ª) Que a teoria da argumentação racional de Alexy não é ideologicamente neutra. Os pressupostos de procedimento discursivo são a liberdade e a igualdade, ou seja,

---

[13] ALEXY, R. *Theorie der juristischen Argumentation*, cit., p. 213 ss.

[14] ALEXY, R. *Teoría de los derechos fundamentales*, trad., cast. de E. Garzón Valdés, Madrid: Centro de Estudios Constitucionales, 1993, p. 554 ss.

os valores básicos do Estado de direito e por sua vez, a teoria do consenso obtido através da argumentação racional constitui o fundamento legitimador da legalidade do Estado de direito. Desse modo, adverte-se uma certa circularidade nesta condição argumentativa das liberdades: a argumentação exige a presença de determinados direitos para garantir sua própria racionalidade e imparcialidade; os direitos fundamentais requerem a argumentação para lograrem ser interpretados e aplicados às situações concretas.

Na jurisprudência constitucional espanhola, como também em outros Estados de direito de nosso entorno político-cultural, ressalta-se sobre o preponderante papel que assume a argumentação como garantia de segurança jurídica dos cidadãos. Há quase constante referência do TC à fundamentação racional de seus argumentos e com relação a aspectos que incidem na argumentação jusfundamental. Pode-se distinguir três postulado básicos.

1º) A argumentação racional considera-se como requisito básico para a *tutela efetiva* dos direitos fundamentais. Existe uma abundante jurisprudência em que se alude a motivação, em termos de argumentação racional das decisões, como elemento nuclear do direito constitucional a tutela efetiva. Assim, nosso máximo intérprete da Constituição proclama que: "É doutrina reiterada deste Tribunal Constitucional que a tutela judicial efetiva, consagrada no artículo 24.1 CE, compreende o direito a obter uma resolução fundada no Direito, como garantia máxima – dada a essência da função jurisdicional – frente à arbitrariedade e irrazoabilidade da atuação dos poderes públicos" (STC 131/1990, FJ l.). Doutrina reiterada, entre outras, na sentença que sustenta: "A obrigação de motivar as sentenças que o art. 120.3 CE impõe aos órgãos judiciais, posta em conexão com o direito à tutela judicial protegido pelo art. 24.1 da Constituição – entendido como direito a uma resolução juridicamente fundada –, conduz a integrar no conteúdo desta garantia constitucional, o direito do ingressante a conhecer as razões das decisões judiciais e, portanto, o enlace das mesmas com a lei e o sistema geral de fontes, da qual são aplicação" (STC 14/1991, FJ 2);

2º) A argumentação judicial concebe-se como um exercício de racionalidade tendente a evitar decisões arbitrárias. Um bom número de sentenças de nosso TC coincide, em exigir uma motivação baseada em uma racionalidade argumentativa das decisões judiciais, como meio para evitar resultados contraditórios ou ilógicos. Isso implica que os juízes deverão justificar, racionalmente, suas resoluções e sentenças. Basta verificar quando o TC expressa os seguintes parágrafos: "É doutrina reiterada deste Tribunal Constitucional, que a aplicação da legalidade que seja arbitrária, manifestamente irracional ou irrazoável não pode considerar-se fundada no Direito e lesa, por isso, o direito a tutela judicial... Assim ocorre nos casos, nos quais... a resolução judicial contém contradições internas ou erros lógicos, que fazem dela uma resolução manifestamente irrazoável por contraditória e, por isso, carente de motivação" (STC 184/1992, FJ 2).

3º) A exigência da argumentação racional não garante o *acerto da decisão judicial*. O TC adverte que o procedimento argumentativo contribui para que as decisões judiciais se elaborem segundo pautas de racionalidade formal, mas sem que isso necessariamente evidencie que o resultado dessas inferências racionais represente a justiça material. Como exemplo significativo dessa orientação, indica-se a seguinte decisão do TC, em que se sustenta que "o direito à tutela judicial reconhecido no artigo 24.1 CE demonstra o direito a obter uma resolução fundada no direito, em relação à pretensão formulada diante do Juiz competente, o qual deve aplicar de maneira motivada as normas jurídicas aplicáveis e resolver razoavelmente a questão que se apresenta, mas o artigo 24.1 CE não garante o acerto do órgão judicial quando soluciona o caso concreto" (STC 55/1993, FJ 5).

3. Conclusão: transformações do sistema dos direitos fundamentais no estado constitucional

As considerações que antecedem não pretendem defender a tese da superação da unidade, plenitude e coerência dos sistemas jurídicos. Sem uma proporção adequada de tais postulados, um ordenamento jurídico seria impensável. Mas, como a mesma ênfase com que se reitera a importância desses ingredientes básicos do ordenamento normativo, deve-se admitir a erosão das categorias teóricas com que foram elaboradas pelo positivismo formalista.

O deslocamento desses postulados até novas exigências e pautas funcionais dos sistemas jurídicos se não signifi sua abolição, implicam transformações e mudanças inquestionáveis em sua significação e alcance. O positivismo jurídico formalista, em particular sua elaboração mais acabada e influente, ou seja, a teoria pura do direito de Hans Kelsen, foi incapaz de explicar adequadamente essa metamorfose. Disso, infere-se a profunda crise que afeta essa versão da ciência jurídica e a consequente aparição de uma multiplicidade de teorias "pospositivistas", que, em muitos casos, implicam a aberta negação dos postulados-guia da teoria pura e a dimensão encoberta de determinados pressupostos metodológicos e teóricos muito próximos a concepções jusnaturalistas.[15]

A unidade, coerência e plenitude da ordem jurídica respondiam a uma concepção hierárquica de sua estrutura e funcionamento. A ideia kelseniana da "norma fundamental" (*Grundnorm*) evocava a imagem de uma norma suprema e que, por ser a primeira, não teria outra por superior ou prévia. Este traço primeiro ou último, segundo se queira entender, imprimia a todo o ordenamento uma estrita conformação hierarquizada, em que o teor da célebre teoria kelseniana da formação da ordem jurídica por

---

[15] PÉREZ LUÑO, A. E. *Los derechos fundamentales*, p. 58 ss.

graus ou escalas (*Stufenbau der Rechtsordnung*), a validade de cada norma fazia-se depender de sua estrita vinculação e origem na norma imediatamente superior.[16]

Na parte dedicada por Hans Kelsen, na segunda edição de seu *Reine Rechtslehre*, à "dinâmica jurídica" (*Rechtsdynamik*) explicitava sua concepção hierárquica do ordenamento jurídico. A construção por graus ou escalas do sistema jurídico implica uma ideia hierárquica do ordenamento normativo, em que cada norma se apoia em outra e serve, por sua vez, de apoio a outras até chegar ao cume da estrutura escalonada onde se encontra a norma fundamental (*Grundnorm*). Como teor da teoria kelseniana, pode-se inferir que, de cada duas normas pertencentes a um ordenamento jurídico, se afirma que a superior precede à inferior, a qual é seguinte ou consequente. Na mencionada ordem hierárquica, precisa-se uma norma que não tenha precedente, nem princípio, e essa norma é, precisamente, a *Grundnorm*. Todas as restantes normas do ordenamento são consequência dessa e, ao próprio tempo, a validade dessa norma fundamental deriva-se das normas que lhe estão subordinadas.[17]

A dinâmica jurídica se estrutura, segundo Kelsen, como um todo ordenado, ou melhor, como um sistema cujos elementos integrantes ou normas formam um conjunto hierarquizado em função de um princípio básico que é a norma fundamental. Em sua obra póstuma *Allgemeine Theorie der Normen*, Hans Kelsen, ao explicar a problemá-

---

[16] Cfr.: DELGADO PINTO, J. "El voluntarismo de Hans Kelsen y su concepción del orden jurídico como un sistema normativo dinámico" em *Estudios en honor del Profesor José Corts Grau*, Valencia: Secretariado de Publicaciones de la Universidad de 1977, vol. I., p. 175 ss.; id., "Sobre la vigencia y la validez de las normas jurídicas", en *Doxa*, 1990, vol. 7., p. 101ss.; GARCÍA AMADO, J. A. *Hans Kelsen y la norma fundamental*, Madrid: Marcial Pons, 1996, p.56 ss.; PÉREZ LUÑO, A. E. *Trayectorias Contemporáneas de la Filosofía y la Teoría del Derecho*, 5ª ed., Madrid: Tébar, 2007, p. 37 ss y 189 ss.

[17] KELSEN, H. *Reine Rechtslehre*, 2ª ed. Wien: Franz Deuticke, 1960 (existe trad. cast. de R. Vernengo, UNAM, México, 1979), p. 198 ss.

tica lógica do fundamento da validade jurídica (*Logische Probleme der Geltungsbegründung*), assinala que a ordem sistemática do direito se estrutura a partir da validade, entendida como pertencente ao sistema. O que significa que cada uma das normas singulares exibe a qualidade da validade como traço distintivo de sua integração e pertencimento ao ordenamento jurídico. Em função do princípio da validade, as normas que conformam os sistemas jurídicos ficam ordenadas de forma que as inferiores se fundem nas superiores, até chegar à norma fundamental. Esta concatenação normativa se concretiza, em definitivo, quando se percebe que a validade das normas inferiores é inconcebível sem a validade das superiores, em última instância, sem a fonte de toda validade do ordenamento que é a que flui da *Grundnorm*.[18]

Se, não existisse um fundamento último, ou, um termo na concatenação normativa, todo o sistema ficaria vazio de validade. Na concepção kelseniana do ordenamento jurídico, a *Grundnorm* desempenha essa função de princípio de validade, de que esta flui e informa a todas as restantes normas integrantes do sistema; trata-se do princípio que vai determinar que todas elas sejam válidas.

A "nomodinâmica" kelseniana implicava, em definitivo, una visão hierarquizada do ordenamento jurídico, que permitia explicar e conjugar suas três notas ou postulados básicos. A *unidade*, enquanto tal ordenamento concebe-se como una entidade indivisa, compacta e inteira, cujo traço constitutivo identitário (validez) transmite-se a quantos elementos singulares (normas) a integram. A *plenitude*, quando essa estrutura sistemática em que o ordenamento consiste aparecia como um todo completo e fechado, que não admitia rachaduras, hiatos ou vazios, ou melhor, lacunas no centro desse conjunto normativo. A *coerência*, por

---

[18] KELSEN, H. *Allgemeine Theorie der Normen*, ed. a cargo de K. Ringhofer y R. Walter, Wien: Manzsche Verlag-und Universitätsbuchhandlung, 1979, p. 203 ss.; vid., cuanto expone el propio Kelsen en su *Reine Rechtslehre*, cit., p. 196 ss. y 228 ss.

sua vez, era também corolário dessa totalidade normativa hierarquizada e imbricada, cuja sistematicidade resultava inconciliável com qualquer tipo de contradições ou incompatibilidades (antinomias).

No interessante intercâmbio epistolar mantido por Kelsen com Ulrich Klug, entre os anos 1959 a 1965, sobre os aspectos lógico-formais e sistemáticos da teoria pura do direito, explicitaram-se e desenvolveram-se alguns dos aspectos aqui apontados, em relação à estrutura hierárquica do ordenamento jurídico e suas consequências na ordem e validade normativa.[19]

Esta explicação teórica do ordenamento jurídico constituiu a expressão formal mais brilhante, acabada e influente do positivismo jurídico, na medida em que, nas décadas anteriores, era um marco explicativo adequado para refletir a estrutura e funcionamento dos sistemas jurídico-positivos vigentes. Como se percebe, as notas básicas conformadoras dos sistemas jurídicos do presente sofreram uma profunda metamorfose, cujos aspectos principais no âmbito dos direitos fundamentais têm sido objeto das reflexões que se antecedem. Objetiva-se, agora, a questão inafastável da aptidão da teoria pura do direito para dar conta dessas mutações.

A morfologia do ordenamento jurídico, deduzida da concepção kelseniana, evocava a imagem de una pirâmide ou estrutura piramidal, cujo vértice estava constituído pela *Grundnorm*. Frente a essa representação, o atual significado dos sistemas jurídicos reclama uma simbolização que se aproxima mais a uma abóbada do que a uma *pirâmide*. Essa estrutura de abóbada implica a confluência, invólucro ou interação de um conjunto de arcos ou círculos esféricos, que fecham o espaço compreendido entre muros ou colunas. Os atuais deslocamentos da unidade ao pluralismo,

---

[19] KELSEN, H.-KLUG U. *Rechsnormen und logische Analyse. Ein Briefwechsel 1959 bis 1965*, Wien: Franz Deuticke, 1981.

da plenitude à abertura jurisdicional e da coerência à argumentação, a cujas análises realizaram-se *supra*, na esfera do sistema de liberdades, induzem e demonstram esse novo enfoque.

O jurista ora presente, habituado à circunferência do horizonte explicativo tradicional conformado pela teoria pura do direito, não pretende agora encaixar-se na perspectiva do positivismo jurídico ou novo significado dos ordenamentos normativos. Se, até o momento, a teoria jurídica juspositivista havia padecido de um excesso de concentração em um ponto de gravitação único e hierárquico (*Grundnorm*), até o qual se fazem convergir todos os processos normativos; a partir do presente deverá acomodar sua ótica de enfoque até os ordenamentos jurídicos policêntricos. Esta nova perspectiva metodológica, para assumir o significado atual dos sistemas jurídicos, denuncia a crise do juspositivismo kelseniano. Impõe substituir a imagem piramidal, quer dizer, hierarquizada do ordenamento normativo, por um horizonte em que a totalidade do sistema se obterá pela intersecção de uma pluralidade de estruturas normativas, de procedência heterogênea e que, em conjunto, formarão um panorama do ordenamento jurídico bastante parecido a uma abóbada.

Não se pode deixar de advertir, ao concluir estas reflexões, que os riscos próprios de qualquer critério teórico ou metodológico da ciência jurídica acrescentam-se quando se trata de explicar categorias ou questões contemporâneas. Neste caso, a dificuldade de ter que reduzir a conceitos a realidade problemática, heterogênea e mutante da experiência jurídica, vê-se acrescentada pela necessidade de afrontar algumas circunstâncias *in fieri*, que estão se apresentando e que, de modo algum, podem considerar-se uma experiência concluída. O filósofo ou teórico do direito que pretende dar conta das transformações que estão se produzindo no presente realiza uma forma de *ursprüngliche Geschichte*, na acepção hegeliana, e que tem a seu favor, por sua vez, cronista e ator de fatos dos quais é dado possuir uma vivência direta ou imediata, mas, como contrapartida, carece da segurança que proporciona o distanciamento. Daí que as considerações aqui colocadas sobre a crise do juspositivismo, em função da metamorfose operada nos sistemas atuais e, em particular, no sistema dos direitos fundamentais, pretendeu somente traçar um marco referencial de orientação de tendência, mais que um esquema rígido, completo e definido.

Capítulo II

A Tutela Ambiental como Finalidade dos Estados Constitucionais

1. Qualidade de vida e proteção ambiental como objetivos e tarefas do atual constitucionalismo

Constitui um mérito da *Integrationslehre*, formulada por Rudolf Smend há mais de meio século, estabelecer um duplo sentido aos direitos fundamentais: o de concretizar e garantir as liberdades existentes e o de estabelecer um horizonte emancipatório a ser alcançado.[20] Dentro desta segunda função dos direitos fundamentais encontra-se o reconhecimento de alguns textos do constitucionalismo mais recente, e em particular a Constituição espanhola de 1978, do direito à qualidade de vida através de uma proteção do meio ambiente. É obvio que tal direito não pode conceber-se mais do que uma aspiração ou meta, cujo objetivo exige importantes transformações culturais e socioeconômicas.

No curso dos últimos anos, poucas questões suscitaram tão ampla e heterogênea inquietude como a que se refere às relações do homem com o meio ambiente, em que se faz imerso, que condiciona sua existência e pelo que, inclusive, pode chegar a ser destruído. Portanto, deve-se considerar um traço de sensibilidade e abertura ao novo século que a Constituição espanhola proclame, no seu preâmbulo, a vontade de "assegurar a todos una digna qualidade de vida". Este princípio programático, cujo valor interpretati-

---

[20] SMEND, R. *Bürger und Bouorgeois im deutschen Staatsrecht* (1933), publicado posteriormente em seu *Staatsrechtliche Abhandlungen*, Berlín. 2ª ed., 1968, p. 309 ss.; v. também seu trabalho *Integrationslehre* en el *Handwörterbuch der Sozialwissenchaften*, vol. V, 1966. p. 299 ss.

vo é inegável, enquanto supõe uma "declaração solene de intenção que formula coletivamente o poder constituinte",[21] tem seu específico desenvolvimento no texto do artigo 45. Mencionado artigo aparece, assim, intimamente vinculado com os valores guia ou fundamentais (*Grundwerte*) da Constituição. Em tal sentido, sua significação prioritária não pode contemplar-se à margem do modelo de sociedade que a Constituição quer promover.

2. Aspectos da formação histórica da temática ambiental

Se bem, como se já se mencionou, a preocupação coletiva pelo meio ambiente constituiu um traço distintivo de nossa época, a tensão homem-natureza tem sido uma constante nas diversas etapas da evolução cultural. Durante milênios, a existência e o pensamento humano foram-se desenvolvendo em uma relação necessária com a natureza. Não em vão, o homem encontrou em seu meio natural o ponto de referência para suas possibilidades de ação transformadora. E mais, desde as etapas iniciais da história do homem, o mesmo recorre à natureza para uma melhor compreensão de sua própria dimensão social.

O denominado "período cosmológico" da filosofia grega pressupõe a projeção das ideias de ordem e regularidade dos fenômenos da natureza, a explicação da ordem social humana. Já em um tempo imediatamente posterior – o "antropológico"– pretendeu-se compreender a natureza através da experiência organizativa de convivência político-social. Natureza e sociedade vão formar, por isso, uma unidade inseparável cujas manifestações externas flutuam de acordo com o desenvolvimento dos sistemas econômi-

---

[21] ALZAGA, O. *La Constitución española de 1978 (Comentario sistemático)*. Madrid, 1978, p. 69.

cos de produção, as formas de organização social e a evolução dos conhecimentos científicos e técnicos.[22]

O Renascimento foi interpretado como a volta à clássica dialética harmonizadora entre a natureza e a cultura. De igual modo, quando no século XVIII o termo "natureza" passou a ser, graças à obra de Rousseau, uma espécie de moeda ideal de ampla circulação intelectual com a que se valoravam os mais diversos aspectos da cultura, assim como as instituições sociais e políticas. Convém advertir que a tese de Rousseau não postulou o retorno à vida selvagem, como equivocadamente insinua uma grande tradição interpretativa, que parte de Voltaire. Porém, o que Rousseau vislumbra é "uma cultura que, com seus meios – dos quais já não podia fazer-se abstração na história– *reestabeleceria para um nível superior* o estado natural de igualdade entre os homens, sua vida harmônica comum e a felicidade nele baseada, bem como, a comum sensibilidade moral".[23]

A obra de Rousseau antecipa, pela primeira vez, que "o progresso civilizatório leva os homens ao envelhecimento; se, não persegue o objetivo de restabelecer com

---

[22] Sobre a interação natureza-sociedade, Marx e Engels assinalam, de forma expressa, que a atitude do homem diante da natureza determina-se pela forma social e vice-versa. Por isso, a identidade entre a natureza e o homem apresenta-se de maneira que a atitude limitada dos homens até a natureza condiciona a atitude limitada de alguns homens para com outros. Inclusive no texto está explícita a frase: "minha relação com meu ambiente é minha consciência". *Die deutsche Ideologie, en Marx-Engels-Werke*, vol. 3, Berlin, 1958, p. 30-31. Ver também os trabalhos de: BALLESTEROS, J. *Ecologísmo personalista. Cuidar la naturaleza, cuidar al hombre*, Madrid, 1995; BELLVER, *Ecología: de las razones a los derechos*, Granada, 1994; L. BOFF, *Ecología: grito de la Tierra, grito de los pobres*, trad. cast., Madrid, 1996; S. COTTA, *Uomo e natura, en L'uomo e l'ambiente* (Atti del XXII Convegno Nazionale di Studio, Roma, 6-7 de diciembre de 1971), Roma, 1972, p. 6 ss.; GARRIDO PEÑA, F. (ed.), *Introducción a la ecología política*, Granda, 1992; F. MIRES y otros, *Ecología solidaria*, Madrid, 1996; SERRANO, J. L, *Ecología y Derecho*, Granada, 1993; VILLAR. R. y ESPINET. B. *Ecología, ecologismo y movimiento ecologista, en Ecología y Política* (Jornadas de Murcia, mayo de 1979), en Zona Abierta, 1979, n. 21, p. 34 ss.

[23] HARICH, W. *¿Comunismo sin crecimiento? Babeuf y el Club de Roma*, trad. cast. con presentación de M. Sacristán, Barcelona, 1978, p. 223.

seus meios a natureza para, albergados por ela, harmonicamente reconciliados com ela, levar uma vida de concórdia e de sentido comum sempre presente".[24]

A plurissecular tensão entre natureza e sociedade se resolverá em termos de aberta contradição, quando a revolução industrial e a concepção positivista do progresso concebem o domínio e inclusive a destruição ou a negação da natureza como a propriedade mais significativa e própria do homem.[25] Os resultados de tal objetivo constituem agora motivo de preocupação cotidiana. A exploração acelerada das fontes de energia, assim como a degradação e contaminação do meio ambiente, tiveram pontual repercussão no *habitat* humano e no próprio equilíbrio psicossomático dos indivíduos.[26] Daí, surgiu a convicção, nos ambientes mais sensíveis, de que a humanidade pode estar fadada ao suicídio, porque como *l'apprenti sorcier*, com um progresso técnico irresponsável se desencadeiam as forças da natureza e não se têm como controlá-las.[27]

Nestas coordenadas deve-se situar a aparição da inquietude ecológica. O termo "ecologia" foi criado, em meados do século XIX, pelo biólogo Ernst Haeckel, para designar a ciência do *habitat*, dirigida ao estudo das relações dos animais com o ambiente inorgânico e orgânico que condiciona os modos de existência.[28] A ecologia foi configurando-se paulatinamente como una disciplina bidimensional, cujo objeto se faz constituído, de um lado, pela biosfera ou meio ambiente natural, que constitui o suporte

---

[24] HARICH, W. *¿Comunismo sin crecimiento?* cit., p. 226.

[25] LIPARI, N. y otros, *Il problema dell'uomo nell'ambiente*, no vol. col. *Techniche giuridiche e sviluppo della persona*, ed. a cargo de. LIPARI, N. 1974, p. 62; PASSMORE, J. *Man's Responsability for nature: Ecological Problems and Western Traditions*, New York, 1974, p. 36 ss. (de esta obra existe trad. cast., Madrid, 1976).

[26] *Vid.* CORDÓN, F. *La estrategia para la ordenación de la biosfera al servicio del hombre*, en *Ecología y Política*, cit., p. 8 ss.

[27] QUADRI, R. *Prospettive giuridiche*, no *L'uomo e l'ambiente*, cit., p. 101.

[28] E. HAECKEL. *Generelle Morphologie der Organismen*, Berlin, 1866. Cit. por U. LEONE, *La politica dell'ambiente*, Firenze, 1980, p. 18.

da vida e, de outro, pelos ecossistemas ou relações e processos dinâmicos de interação entre o meio natural e os organismos vivos a que serve de suporte.[29]

A ecologia adquiriu especial relevância para as ciências sociais, em seu ramo de ecologia humana, ao analisar os processos através dos quais o homem pode modificar o equilíbrio dos ecossistemas, com as consequentes repercussões para o ambiente e o próprio desenvolvimento da vida humana. A ecologia representa na atualidade o marco global para um renovado enfoque das relações entre o homem e seu entorno, que acarrete em uma utilização racional dos recursos energéticos e substitua o crescimento desenfreado em termos puramente quantitativos, por um uso equilibrado da natureza que torne possível a qualidade de vida.[30]

À margem de algumas denúncias premonitórias sobre a necessidade de limitar o crescimento da população e a exploração desenfreada dos recursos naturais,[31] pode-se considerar o ano 1968 como data crucial para a afirmação de um amplo movimento coletivo com marca ecológica. Assim, alude-se ao influente movimento estudantil de 68, que defendia, entre outros, o objetivo de "viver melhor" em contraposição com o "possuir mais" caracterizador da ideologia do *establishment*.[32]

---

[29] KORMONDY, E. J. *Conceptos de ecología*, trad. cast., Madrid, 1973, p. 18; E. P. ODUM, *Ecología*, trad. cast., México, 1969, p. 17 ss; R. E. SCOSSIROLI, *Elementi di ecologia*, Bologna, 1976, p. 23 ss.

[30] Não se conhece com exatidão a origem do termo "qualidade de vida". Aparentemente foi empregado, inicialmente, pelos economistas liberais para adquirir, nos últimos anos, um significado abertamente progressista. A primeira utilização da expressão "qualidade de vida" atribui-se a GALBRAITH, J. K. en su *The Affluent Society*, Boston, 1958. Cfr. PAUL, W. *Cambio social y transformación de la Filosofía del Derecho*, en ACFS, 1977, n. 17, p. 339.

[31] Sobre a origem do desenvolvimento desta temática no pensamento econômico contemporâneo, cfr. TAMAMES, R. *Ecología y desarrollo. La polémica sobre los límites al crecimiento*, Madrid, 2ª ed., 1979, p. 22 ss. Ver também, RIECHMANN, J. y otros, *De la economía a la ecología*, Madrid, 1995.

[32] Cfr. LEONE, U. *op. cit.* p. 21.

Neste ano de 1968, também, emergem diante da opinião pública diversos movimentos de protesto contra a contaminação atmosférica e as águas marítimas e fluviais. Sob a pressão destas reivindicações, o ano de 1970 foi declarado "Ano europeu da conservação da natureza". Em nível de organizações internacionais, a primeira iniciativa relevante surgiu em 1972 em Estocolmo, onde se celebrou a Conferência da ONU sobre o Meio Ambiente. Nesta mencionada reunião, em que pese as notáveis diferenças que separavam os objetivos dos países desenvolvidos e subdesenvolvidos, acordou-se que: "Para chegar a plenitude de sua liberdade, dentro da natureza, o homem deve aplicar seus conhecimentos para formar, em harmonia com ela, um meio ambiente adequado. A defesa e melhoramento do meio humano para as gerações presentes e futuras se converteu em meta imperiosa da humanidade".[33]

Neste mesmo ano, Sicco Mansholt dirigiu uma célebre carta ao então presidente da Comissão da CEE, Franco María Malfatti. Mencionado documento continha uma severa advertência sobre os perigos que implicava um crescimento econômico exponencial para o equilíbrio ecológico e a qualidade de vida, ao mesmo tempo que propunha como alternativa um planejamento racional da produção e do consumo. Disso se desprendia a necessidade de primar a produção de bens básicos, de atender as necessidades de caráter cultural, de programar uma política de conservação das matérias-primas e de fomento das medidas recicláveis, assim como de adotar medidas eficazes contra a contaminação.[34]

Data também do ano 1972 um importante informativo elaborado sob os auspícios do Clube de Roma sobre *Os limites do crescimento*. Esta entidade, formada por um

---

[33] "Declaración de las Naciones Unidas sobre el medio humano: proclamaciones y principios" (junio de 1972) Proclamación 6ª.

[34] *La lettre Mansholt,* ed. a cargo de PAUVERT, J. J. París, 1972, p. 10 ss.

grupo de personalidades do mundo científico, econômico e industrial unidas pela preocupação comum da crescente ameaça implícita em diversos fenômenos de nossa época para a evolução da existência humana, encarregou uma equipe de pesquisadores do MIT (Massachussets Institute of Technology) da elaboração de um informativo sobre os problemas do meio ambiente e os recursos energéticos. O trabalho, realizado por uma equipe dirigida por Donnella H. e por Dennis L. Meadows, sobre a base da dinâmica de sistemas de Jay W. Forrester, levava em consideração cinco parâmetros ou subsistemas: avanço demográfico, crescimento industrial, recursos naturais, produção de alimentos e contaminação do meio ambiente. Da investigação se concluiu que, acontecendo o prosseguimento do vigente sistema de crescimento econômico, uma catástrofe poderia se produzir em meados do próximo século. O trabalho conclui com a recomendação urgente de uma diminuição imediata do ritmo de crescimento, propugnando o *zero growth*.[35]

Posteriormente, em 1975, publicou-se um segundo informativo fruto de uma pesquisa dirigida pelos cientistas iugoslavos Pestel e Mesarovic que, ainda que em um tom de menor pessimismo, convalidava as principais conclusões do primeiro informativo. Para se evitar o desastre, seria necessário um marco internacional de cooperação, que objetivava a longo prazo o uso dos recursos naturais de acordo com uma ética sobre o crescimento econômico limitado e orgânico.[36]

Um ano mais tarde, em 1976, publicou-se o terceiro informativo do Clube de Roma em que um grupo de cientistas dirigidos pelo Prêmio Nobel de Economia Jan Tinbergen chegava à conclusão de que era imprescindível uma

---

[35] MEADOWS, D. H. y D. L. y otros. *Los límites del crecimiento* (Primer informe al Club de Roma), trad. cast., México, 1972.

[36] MESAROVIC M. y PESTEL, E. *La humanidad en la encrucijada* (Segundo informe al Club de Roma), trad. cast., México, 1975.

nova ordem internacional que garantisse: o fim das grandes desigualdades entre os países; um crescimento global e harmônico do mundo que evitasse a inflação; e um sistema de organização geral de utilização de recursos.[37]

Estes estudos serviram para corroborar com a ação das organizações internacionais que tomaram paulatina consciência dos perigos ecológicos. Assim, depois da mencionada Conferência de Estocolmo de 1972, decidiu-se pela criação do Programa das Nações Unidas sobre o Meio Ambiente, que sucessivamente passou a elaborar diversas recomendações, declarações e propostas sobre os principais problemas ambientais. Entre as iniciativas surgidas no seio da ONU, deve também mencionar-se o Informativo Bruntland sobre "Nosso futuro comum" auspiciado pela Assembleia General em 1987, em que se advogava por um desenvolvimento sustentável, equilibrado e solidariamente comprometido com as gerações futuras. Assim mesmo, reveste-se de especial interesse a Conferência do Rio de Janeiro de 1992, como marco das Conferências defendidas pela ONU, celebrou-se a que teve sede na cidade japonesa de Kioto. Como resultado de seus trabalhos, elaborou-se o denominado "Protocolo de Kioto", que veio a ser, nos últimos anos, uma referência obrigatória de todas as políticas ambientais. O fato de que alguns Estados com maior grau de desenvolvimento e com maior responsabilidade nas agressões ecológicas não subscreveram o Protocolo não retirou sua eficácia. Seu conteúdo vem a ser hoje um código de conduta, de alcance planetário, para todas as medidas e programas ambientais dos Estados e das Organizações Internacionais mais diretamente implicadas na temática ecológica. Em data muito recente, no curso do ano 2007, foi realizada em Bali a Conferência Internacional sobre a Mudança Climática, cujo significado e alcance neste aspecto

---

[37] TINBERGEN, J. *Reestructuración del orden económico internacional* (Tercer informe al Club de Roma), trad. cast., México, 1977.

da problemática ambiental resulta de inquestionável importância.

Fora do marco da ONU, a proteção ambiental foi objeto de diversas iniciativas e atuações devidas por outras organizações internacionais como a UNESCO, o Conselho da Europa e a União Europeia.[38]

Merece uma menção especial, principalmente como conscientização crítica, a denúncia levada a cabo no Foro de Porto Alegre. Neste encontro, debateram-se os principais aspectos ideológicos e interesses econômicos que encobrem as políticas e atividades mais agressivas contra o equilíbrio ambiental. A atitude de determinados governos e multinacionais, implicados com um ideário neocapitalista, deram uma eficaz resposta alternativa nos trabalhos do Foro. A irradiação, em nível mundial, de algumas conclusões promovidas pelo mencionado Foro, tiveram também a virtualidade de potenciar uma consciência ecologista.

A Espanha não permaneceu à margem do debate ecológico, se bem que somente em uma etapa muito recente é que adquiriu plena consciência de sua importância. Em nosso país, o processo de desenvolvimento econômico, nasceu tardiamente, com um deficiente planejamento e com o claro predomínio da lógica da exploração privada do território, converteu a maior parte dos recursos naturais em objetos de proveito individual, mais que em fatores de bem-estar coletivo. Produziu-se uma irracional exploração do solo, com a consequente e progressiva destruição da fauna e da flora, a desertificação de antigas zonas de bosque,

---

[38] Cfr. ALONSO GARCIA, E. *El derecho ambiental de la Comunidad Europea*, Madrid, 1993 (2 vols.); DÍEZ DE VELASCO, M. *La aplicación en España de las normas internacionales sobre el medio ambiente*, en *La conservación del medio ambiente*, n. monográfico de la RUC. 1976, n. 105, p. 298 ss.; HILDENBRAND SCHEID, A. *Nuevas iniciativas de la Unión Europea en materia de ordenación del territorio*, en RIE, 1996, p. 65 ss.; MARIÑO, F. *Política sobre el medio humano y contradicción entre pueblo y Estado: aspectos jurídicos internacionales*, en REDI, 1977, n. 2; VALERIO, E. *La legislación europea del medio ambiente: su aplicación en España*, Madrid, 2ª ed., 1994; MUECKE. F. *Internationales Umweltrecht. Multilaterale Verträge*, Berlin-Bielefeld, 1978.

e o sacrifício de algumas de nossas paisagens naturais e urbanas mais características aos interesses financeiros de empresas turísticas e imobiliárias. De outro lado, o processo de industrialização iniciado na década de 60, de forma extraordinariamente rápida e desordenada não permitiu que o desenvolvimento econômico se traduzisse em cotas de qualidade de vida.

A falta de medidas de segurança nas novas indústrias trouxe como consequência um recorde europeu em acidentes de trabalho. A falta de equilíbrio e adequada programação industrial produziu em muitas de nossas cidades (Madrid, Barcelona, Bilbao, Huelva...) um grau de contaminação sensivelmente superior ao índice médio das cidades europeias.[39]

Tendo em vista esta situação não se pode afirmar que é apenas um capricho inovador, ou mimetismo de disposições estrangeiras, o objetivo de nosso constituinte de dar respostas a grave e complexa problemática ambiental, como pressuposto necessário para assegurar a todos os espanhois uma digna qualidade de vida.

3. Qualidade de vida e proteção ambiental como finalidade do estado constitucional

O livro *Staatsziele und Staatszielbestimmungen*,[40] do qual é autor o professor Karl Peter Sommerman é, penso, a mais lúcida e completa obra sobre as finalidades estatais e sua determinação publicada até o presente. É um livro estimulante e claro. Como o autor anuncia seu desígnio está em oferecer uma panorâmica da formação e evolução

---

[39] Cfr. PEREZ LUÑO, A. E. *Derechos humanos, Estado de Derecho y Constitución*, 9ª ed. Madrid, 2005, p. 495 ss.

[40] SOMMERMANN, K. P. *Staatsziele und Staatszielbestimmungen*, Tübingen: Mohr Siebeck, 1997.

dos fins estatais, assim como de seu significado presente no seio dos Estados constitucionais democráticos.

Em conformidade com este propósito, a obra se articula em torno de duas grandes partes. A primeira realiza uma pormenorizada exposição histórica do desenvolvimento evolutivo dos fins da comunidade política, que abarca desde sua gênese nos "espelhos dos príncipes" medievais a sua conformação na etapa preconstitucional (cap. I). Prossegue-se este estudo diacrônico com a exposição dos fins estatais durante o período do constitucionalismo do século XIX através da transformação do jusnaturalismo liberal ao positivismo jurídico-político (cap. II). Analisa-se, assim mesmo, a fixação dos fins estatais nos sistemas políticos do século XX: a aberta tensão entre a ideia dos fins estatais nos Estados totalitários de diferentes modelos (marxista, fascista, nacional-socialista e franquista) e seu papel nos Estados sociais de Direito, assim como a atual configuração de mencionados fins nos Estados constitucionais de nossos dias. Também são objeto de uma atenta e pormenorizada indagação plena de rigor os processos de internacionalização de mencionados fins e sua integração no marco jurídico e institucional da União Europeia (cap. III). Fecha esta primeira parte do livro o estudo dos pressupostos científico-jurídicos da teoria dos fins políticos no seio dos modernos Estados constitucionais. A concepção analítica e normativa, as tendências jusnaturalistas e positivistas, as concepções formalistas e finalistas são aqui colocadas com precisa concisão, que permite ao autor abordar os critérios teóricos para uma fundamentação racional dos fins do Estado e sua concretização através do discurso prático (cap. IV).

A segunda parte do livro dirige-se ao estudo da determinação dos fins estatais como tipo normativo dos Estados de Direito na atualidade. Este núcleo temático fundamental se desdobra em três grandes partes, correspondentes a outros tantos capítulos. No primeiro, apresentam-se as relações entre a dimensão subjetiva dos direitos fundamentais e o caráter objetivo dos fins do Estado, para o que previamente se levam em consideração as diferentes concepções de signo objetivista e subjetivista das liberdade. Estuda-se, também, a estrutura normativa que pode revestir os fins estatais que podem vir considerados como programas finalistas como princípios ou como normas específicas (cap. V).

A obra prossegue trazendo uma abordagem em torno dos vínculos normativos que decorrem das finalidades estatais, sua relevância como fonte de obrigações e limites jurídicos com relação aos poderes públicos, sua concretização através dos processos hermenêuticos e, ao mesmo tempo, analisam-se os conflitos intrassistêmicos entre os diferentes fins estatais e extrassistemáticos, entre tais fins e os direitos e liberdades fundamentais (cap. VI). A obra continua com algumas referências sobre a implementação dos fins estatais através da atividade legislativa, de sua incidência no controle de constitucionalidade, sua relevância no trabalho do Parlamento e do Governo, assim como sua eficácia social na vida cívica das sociedade democráticas e seus mecanismos de garantia internacional (cap. VII). O livro se encerra com um breve trecho em que se juntam, recapitulam e concluem os aspectos básicos que o integram.

A mera referência às questões tratadas nesta pesquisa revela que estamos diante de uma obra admirável e extraordinária ambição intelectual. O sinal da teoria jurídica de nosso tempo é o da interdisciplinaridade. Nunca como hoje se tem feito tanta referência à condição poliédrica das grandes questões jurídicas e a consequente necessidade de captá-las através de sua inevitável dimensão plural. Mas são poucos os que se atrevem, e menos ainda os que podem, levar a cabo esta tarefa. Necessita-se para fazê-lo possuir uma sólida formação em diferentes âmbitos metodológicos da Teoria do Direito. Karl-Peter Sommermann conta com essa formação e a demonstra com segurança nas páginas de seu livro. Nelas aparecem, sem mesclar-se, a visão constitucionalista, internacionalista, comparatista e filosófico-jurídica dos fins do Estado. O autor partiu de um problema nuclear da Dogmática do Direito, como sem dúvida é o da determinação dos fins estatais, para desdobrar toda sua admirável erudição e sentido crítico na apresentação histórica e sistemática das grandes questões que advêm do encaixe entre a Teoria do Direito e a Teoria do Estado.

Convém advertir que o que vale mais na obra de Sommermann não é a infatigável exposição, ou o acúmulo de saberes, nem sequer a riqueza de seu enfoque metodológico. Existe em seu livro algo que corrobora ainda mais com seu valor científico. Ciência não é somente erudição, mas também teoria. O trabalho de um pesquisador erudito converte-se em saber científico quando mobiliza os dados e os conhecimentos até a construção de uma teoria. Para isso, requer-se talento e posicionamento crítico, integrado por doses compensadas de rigor e audácia. Este é, em meu entender, o principal aspecto que traz o livro de Karl-Peter Sommermann, documentado e inovador para seu tempo.

Entre os aspectos que melhor refletem a colaboração renovadora do autor aos estudos de Direito Público podem citar-se suas certeiras páginas sobre a modificação dos tipos de Estado de Direito, através dos modelos de Estado social, o Estado ecológico. Esse é o mérito principal da obra de Karl-Peter Sommermann: o de haver situado os problemas da qualidade de vida e o meio ambiente no compromisso central desse Estado ecológico, que representa a última versão da evolução constitucionalista.

Convém não perquirir sobre o interesse enfocado pelo autor nestas questões, por abordar temas de notável incidência na atual Dogmática do Direito Público. Vale lembrar que se computam, agora, aproximadamente, trinta anos desde que, em meados da década de setenta, alguns constitucionalistas alemães iniciaram um processo de transformação de interesses até a problemática da qualidade de vida e proteção ambiental, como tarefas prioritárias do Estado constitucional.

Tem-se que advertir, de imediato, que estes autores não criaram o interesse pela temática ecológica, a qual era já estudada nas teorias administrativas e constitucionalistas do período anterior e inclusive como se depreende da própria exposição de Sommermann, essa atenção havia sido advertida com certa assiduidade por determinados privatistas alemães da segunda metade do século XX.

Nas circunstâncias atuais, produziu-se um fenômeno da modificação da problemática em torno da proteção ambiental e da qualidade de vida desde a legislação até a normativa constitucional. Isso ocorreu, dentre outras causas, pelo deslocamento da primazia da lei à primazia da Constituição. Com efeito, um dos dogmas fundamentais do Estado de Direito era o da supremacia da lei. No Estado liberal de Direito, a lei aparece como a fonte jurídica suprema; as demais fontes normativas são subalternas ou subsidiárias, subsistem nos espaços que a lei permite e possuem relevância jurídica somente quando a lei as delega à regulação de determinadas matérias. Isso era assim porque a lei representava a causa principal e normal da expressão da vontade normativa do Estado, de um Estado que considerava um atributo básico de sua soberania: o monopólio do sistema de fontes jurídicas. Nas últimas décadas, esse panorama se tornou obsoleto e hoje assistimos a aparição de entes que discutem e comprometem, por cima e por baixo do Estado, sua supremacia jurídica e, consequentemente, a da lei. Trata-se de fenômenos que se denominam *supra e infra* estatalidade normativa. Para reconduzir esses fenômenos e tentar colocar ordem no caos normativo que ameaça abolir por inteiro a unidade, coerência e hierarquia do sistema de fontes do Direito, hoje voltam-se os olhos até a Constituição. A primazia da lei cede seu ponto a primazia da Constituição. Essa primazia da Constituição (*Vorrang der Verfassung*), como ápice da pirâmide jurídica e norma máxima do ordenamento jurídico, garante a conformidade de seu conteúdo a todas as normas restantes e a conseguinte nulidade das que a contradizem.

É notório que no Estado constitucional, que é o Estado das atuais sociedades pluralistas, complexas e pluricentrais, a unidade, coerência e hierarquia do ordenamento jurídico não podem conceber-se como pressupostos de partida, mas sim como uma meta a alcançar. No Estado constitucional, ocorre uma heterogeneidade de fatores e instâncias sociais que influem na produção do Direito. Daí que a unidade, coerência e hierarquia do sistema jurídico não podem conceber-se como corolário de um único princípio dominante de que mecanicamente se derivam todos os demais. No Estado constitucional, que é o Estado de uma "sociedade aberta", o sistema jurídico e seus postulados básicos reclamam do intérprete da Constituição uma atitude aberta que substitua o monopólio metodológico, por um pluralismo metódico. O processo hermenêutico constitucional aparece, portanto, como "instância crítica", sempre aberto a novos planejamentos e inovações, que longe de cristalizar um sistema de categorias fechadas e estáticas, seja um processo dinâmico baseado em alternativas práticas e em um pensamento de possibilidades (*Möglichkeitsdenken*).[41] Nessas novas trajetórias do constitucionalismo escreve-se o novo tratamento jurídico da questão ecológica, que assumiu caráter de referência inescusável da normativa constitucional.

Não menor interesse abrange a plena consciência histórica que hoje se dá ao estudo da temática ambiental e ecológica da que Sommermann faz eco.[42] Com efeito, a mutação histórica das inquietudes sociais em matéria de garantia da liberdade determinou o surgimento de sucessivas "gerações" de direitos. Os direitos humanos como ca-

---

[41] HÄBERLE, P. *Pluralismo y Constitución. Estudios de Teoría Constitucional de la sociedad abierta*, ed. a cargo de E. Mikunda, Madrid: Tecnos, 2002.

[42] SOMMERMANN, K. P. Op. cit., p. 249 ss.

tegorias históricas, que tão somente podem ser entendidos com determinado sentido em contextos temporalmente especificados, nascem com a modernidade no seio da atmosfera iluminista que inspirou as revoluções burguesas do século XVIII.

Esse contexto genérico confere aos direitos humanos perfis ideológicos definidos. Os direitos humanos nascem, como é notório, com marca individualista, como liberdades individuais que configuram a primeira fase ou geração dos direitos humanos. Dita matriz ideológica individualista sofrerá um amplo processo de erosão e impugnação pelas lutas sociais do século XIX. Esses movimentos reivindicatórios evidenciaram a necessidade de completar o catálogo dos direitos e liberdades da primeira geração com uma segunda geração de direitos: os direitos econômicos, sociais e culturais. Estes direitos alcançaram sua paulatina consagração jurídica e política na substituição do Estado liberal de Direito pelo Estado social de Direito. A estratégia reivindicativa dos direitos humanos apresenta-se hoje com traços inequivocadamente inovadores ao polarizarem-se em torno de determinados temas, como o direito à paz, os direitos dos consumidores, o direito à qualidade de vida e a um meio ambiente ecologicamente equilibrado, ou à liberdade informática. Em função disso, abre-se passo, com intensidade crescente, à convicção de que estamos diante da terceira geração de direitos humanos complementar as fases anteriores, referidas as liberdades de signo individual e os direitos econômicos, sociais e culturais. Desse modo, os direitos e liberdades de terceira geração apresentam-se como uma resposta ao fenômeno da denominada "contaminação das liberdades" (*liberties pollution*), termo que alguns setores da teoria social anglo-saxônica aludem a erosão e degradação que afeta os direitos fundamentais diante de determinados usos das novas tecnologias.[43]

---

[43] PEREZ LUÑO, A. E. *La tercera generación de derechos humanos*, Thomson/Aranzadi, Cizur Menor (Navarra) ,2006.

Mas, talvez, a contribuição mais original e estimulante de Sommermann resida em sua lúcida análise dos cinco grandes fins dos Estados constitucionais atuais: a garantia e impulso formal, material e institucional dos direitos e liberdades à política de desenvolvimento e promoção social; o fomento da cultura; a defesa da paz; e a tutela do ambiente.[44] Fins que são, também, estudados em sua incidência no plano das relações internacionais e como objetivos estruturais da União Europeia. Importa não esquecer a estreita interdependência que existe entre as finalidades do Estado e o sistema de direitos fundamentais. Esta íntima conexão questiona a validade das teses que postulam uma radical fratura entre a dimensão objetiva das finalidades estatais e a subjetiva das liberdades, no âmbito da garantia ecológica, isso supõe uma dissociação da garantia do direito fundamental à qualidade de vida. Diante de tais projetos, a obra de Sommermann mostra com eloquência o duplo caráter de ambas as categorias que são em determinado tempo o contexto axiológico objetivo legitimador dos Estados constitucionais de Direito e mostra as metas políticas que visam a uma convivência democrática e como garantias do conjunto de faculdades, poderes, pretensões e imunidades que determinam o *status* jurídico ativo dos cidadãos.

4. Conclusão. O constitucionalismo ambiental: uma garantia simbólica?

A importância que hoje reveste a garantia constitucional à proteção ambiental não pode traduzir-se na crença ilusória de que essas normas partem de uma definitiva superação das ameaças contra o equilíbrio ecológico. As normas jurídicas, inclusive as de maior traço hierárquico, podem ter limitada sua eficácia por uma série de fatores situados mais além do direito.

---

[44] SOMMERMANN, K. P. Op. cit., p. 198 ss.

Como advertência diante de um otimismo exagerado com relação às virtualidades que emanam das garantias jurídicas, estimo ser interessante apresentar aqui as teses pessimistas relacionadas em 1990 pelo jusfilósofo e teórico do Direito público alemão Wolf Paul. Em seu sugestivo e provocativo ensaio: A *irresponsabilidade organizada? Comentários sobre a função simbólica do Direito ecológico*, quando o mesmo denunciava a falta de eficácia dessa nova disciplina jurídica para resolver os graves e urgentes problemas ambientais. Em seu entender, a normativa ecológica surge do desafio projetado pela razão jurídica para por limites aos riscos catastróficos da degradação da biosfera, do envenenamento químico da natureza e da aniquilação das fontes energéticas que pode desembocar na própria aniquilação da vida no planeta. O direito ecológico promovido pela esperança dos legisladores e a opinião pública para organizar, administrar e prevenir os riscos ao meio ambiente: "não possui, nem a capacidade, nem a potência, nem a vontade para solucionar somente alguns dos inumeráveis problemas da pós-modernidade era átomo-químico-genética". Trata-se de uma mera entidade semântica, de "uma arma sem munições..., longe de possuir um caráter instrumental, *somente possui um caráter simbólico*".[45]

Entende Wolf Paul que o direito ecológico é herdeiro de uma tradição conceitual e metodológica que se funda nas ideias sobre a razão e a responsabilidade próprias do paradigma ilustrado da modernidade. Sua eficácia se faz, portanto, difícil pela erosão pós-moderna dessas ideias. Como não se produziu uma reconstrução das categorias jurídicas e das ideias e valores sobre as que estas se fundam, que esteja à altura das exigências, carências e riscos do presente, as respostas jurídicas aos problemas ecológi-

---

[45] PAUL, W. "¿La irresponsabilidad organizada? Comentarios sobre la función simbólica del Derecho ecológico", em *El Derecho Jurisprudencia General* (Buenos Aires), 1990, Tomo 136, p. 821.

cos que hoje se apresentam à humanidade resultam puramente simbólicas.

Relatamos ao professor Wolf Paul que o direito ecológico opera simbolicamente, porque é incapaz de dar uma resposta razoável aos graves desafios atuais que enfocam a garantia ambiental e a qualidade de vida. A denúncia do jusfilósofo alemão remete ao caráter ideológico que nos Estados de Direito cumprem as normas ambientais. Os textos constitucionais e legislativos, as regulações administrativas e as decisões da jurisprudência em matéria ambiental, têm por objetivo legitimar os poderes públicos e tranquilizar a sociedade civil; criam a falsa imagem de que existe um amplo e completo repertório de soluções jurídicas para dar resposta aos problemas ecológicos.

A lealdade e confiança da opinião pública até os responsáveis pela política ambiental é o resultado, de acordo com está análise, do significado encoberto e manipulado que reveste a normativa ecológica. Quem elabora essa normativa produz uma realidade fictícia e uma falsa consciência sobre a idoneidade dos meios jurídicos para salvaguardar a qualidade de vida. Mas também são vítimas de um "autoengano" porque os políticos, os legisladores, os juízes e os funcionários que criam ou aplicam o Direito ecológico acabam por acreditar na virtualidade de respostas normativas que são puramente simbólicas.

Em definitivo, o Direito ecológico representa uma lamentável confusão de planos entre o "ser" e o "dever ser", entre os "fatos" e os "desejos" e entre as "aparências" e as "realidades". A iniciativa dos juristas, a partir dos anos 70 do século passado, em prol de uma regulamentação normativa da problemática ecológica, desembocou em uma cruzada simbólica, percebida em todos os espaços do planeta. Nela – nas palavras de Wolf Paul: "se realizam batalhas, propagam-se vitórias e se declara o perpétuo controle do inimigo. Um inimigo com o qual nunca se tem contato e com o qual nunca se terá contato até que o presente inimigo se manifesta na estrutura imponente e trágica de inventos atômicos, catástrofes climáticas desertificações de amplas regiões da terra, seus mares e lobos marinhos mortos, extinções das espécies e outras monstruosidades parecidas". A conclusão de Wolf Paul não pode ser mais pessimista: a irresponsabilidade organizada em que se traduziu o significado prático do Direito ecológico, venho corroborar com o velho postulado jusfilosófico que disse: *"Fiat iustitia, pereat mundus"*.[46]

As interessantes e sugeridas críticas do professor Wolf Paul, penso que possuem o valor de uma denúncia e uma chamada de atenção sobre os problemas urgentes e abertos que buscam a resposta jurídica ao desafio ambiental. Mas, alguns aspectos de seu desenvolvimento não podem se acolhidos sem ressalvas. Em tal sentido, entendo que a seu enfoque pessimista se pode dirigir às seguintes observações:

1ª) Que a pertinente advertência de Wolf Paul sobre o caráter insuficiente do Direito ecológico não deve conduzir a errônea confusão de sua irrelevância. Os meios jurídicos tendentes à regulação e à tutela ambiental não são os únicos, nem sequer são suficientes para responder as agressões e desafios que neste setor se produz. Contudo, a batalha pelo equilíbrio ecológico não pode conceber-se à margem do direito. Por isso, trata-se de depurar a qualidade técnica e a eficácia social das normas de Direito ecológico, antes de aceitar a fatalidade de sua ineficácia e contribuir, através do pessimismo, com a sua abolição.

2ª) Que neste âmbito como em qualquer outro é desaconselhável a confusão de ser com o dever ser, da realidade com o desejo. Admitida esta premissa metodológica, não existe obstáculo para valorar o caráter deontológico e futurista de algumas normas ecológicas, cuja significação prospectiva não deve ser infravalorizada. Por isso, enten-

---

[46] PAUL, W. "¿La irresponsabilidad organizada? Cit., p. 826.

do que a função simbólica e ideológica que, em determinados contextos, pode avançar contra o direito ecológico, não deve significar a impugnação do caráter utópico que é inerente a este como a outros ramos inovadores do direito e que contribuem em estabelecer um novo horizonte a ser alcançado. Essa dimensão utópica estimula os poderes públicos e serve de incentivo para opinião pública para o desenvolvimento daquelas metas ainda não alcançadas e que contrastam com as realidades que se desejam superar.

3ª) Que o adágio latino com que Wolf Paul conclui seu estudo implica a fratura entre justiça e o mundo; quer dizer, entre a normatividade jurídica legítima e a natureza. Mas, precisamente, o paradigma jurídico ecológico tende à superação dessa fratura ao conceber a justiça como uma exigência de regulamentação racional e ordenada do ambiente e a natureza como ingrediente básico do núcleo de valores que conformam a justiça. Incumbe ao Direito ecológico a difusão de um novo paradigma em que a geografia da cultura jurídica no universo plural e multicultural corresponda à cultura jurídica do ambiente, entendida como a projeção e promoção dos valores éticos jurídicos e políticos na conformação do meio natural.

Em data relativamente próxima, o escritor e ensaísta Francisco Candel publicou uma obra cujo título pode considerar-se como um achado literário: *Han matado a un hombre, han roto un paisaje*.[47] Essa expressão possui a virtualidade de fazer com que recordemos que a paisagem não é um conjunto de pedras, árvores, ou entidades inanimadas, porque nela se integram como ingredientes inevitáveis as próprias vivências humanas. Mas esse título sugere e convida a uma leitura alternativa: *Han roto un paisaje, han matado a un hombre*; na medida em que a existência dos seres humanos se constroi sobre o meio natural e quando este se

---

[47] CANDEL F. *Han matado a un hombre, han roto un paisaje*, Barcelona: La Busca, 2002.

destroi produz-se uma quebra na vida humana. Por isso, a grande tarefa do paradigma jurídico ecológico consiste em reformular o adágio latino nos seguintes termos: "Faça-se a justiça ambiental, para que não se destrua o mundo".

Capítulo III

A Função de Julgar no Estado Constitucional

1. Apresentação: sobre a equivalência entre os termos "julgamento" e "direito"

Um dos mais notórios livros de Martin Heidegger expressa em seu título uma interrogação radical: *Was heisst Denken*? (*Que significa pensar*?). Porque, com efeito, a função principal e inafastável do filósofo consiste em clarificar o significado da sua própria tarefa; quer dizer, o que representa o exercício do pensamento.[48]

De modo análogo, existe uma questão básica e inevitável para o jurista que se concretiza na necessidade de oferecer correta resposta a interrogação: o que significa julgar? A exigência de desenvolver e responder a essa pergunta emana da equivalência, sustentada no passado e no presente, entre os termos: "julgamento" e "direito".

O romanista Alvaro D´Ors afirma que no Direito romano ocorria uma continuidade entre as palavras *ius*, ou melhor, o direito e *iudicium*, que é o julgamento. O "julgamento" (*ius-dicere*) significa "declaração" do que e *ius*. Disso, infere D´Ors, que: "a conexão *ius-iudicium* nos leva a definição do que é *ius*, isto é o direito... Onde há um juízo, seja popular, seja por juízes livres ou burocraticamente organizados, há uma declaração de *ius*. O que em tal juízo se declara justo, isso é direito, o direito". Para Alvaro D´Ors, essa equivalência foi mantida através da história e segue sendo vigente, por isso não há dúvida em concluir que se-

---

[48] HEIDEGGER, M. *Was heisst Denken*?, Tübingen: Max Niemeyer, 1954.

guem sendo – na atualidade – os juízes os que fazem as declarações do que é direito, "podemos definir o direito como aquilo que declaram os juízes (*ius, quod iudex dicit*)".[49]

Na cultura jurídica contemporânea, fez-se notória menção ao realismo norte-americano tendente a identificar a inteira significação do direito com a tarefa dos juízes. Precisa-se recordar, a respeito, a conclusão da tese de Roland Gray de que: *"all the Law is judge-made Law"*,[50] para captar o peso decisivo que corresponde à judicatura no ordenamento jurídico. Assim, deve-se ao célebre juiz da Corte Suprema norte-americana Oliver W. Holmes a interessante observação que o estudo do direito não supõe o descobrimento de algo misterioso, mas sim, de uma realidade bem conhecida, ou melhor, da atuação dos juízes.[51] Dessas premissas, a análise do comportamento judicial aparece como a condição necessária para transladar da penumbra e do mistério à transparência, e a claridade, o significado do sistema jurídico em seu conjunto.

2. O julgamento como fonte jurídica: os juízes criam direitos

A identificação do conceito geral do direito com as decisões judiciais enfrenta um importante dilema jurídico e político. Trata-se da exigência postulada pelo racionalismo jurídico, que será o germe do movimento constitucionalista incentivador do Estado de direito, de estabelecer-se o princípio da divisão de poderes.

O teor desse princípio, que teve nítida expressão na doutrina de Montesquieu, reserva-se a lei, enquanto nor-

---

[49] D`ORS, A. *Una introducción al estudio del derecho*, Madrid: Rialp, 1963, p. 108-110.

[50] GRAY, R. *The Nature and Sources of the Law*, se cita por la reimp. sobre la 2ª ed. (1921) de Peter Smith, Mass: Gloucester, 1972, p. 125.

[51] HOLMES, W. *The Path of the Law en Collected Legal Papers*. New York: Harcourt, 1920, p. 167.

ma geral e abstrata promulgada pelo Parlamento, a definição dos aspectos básicos do *status* jurídico dos cidadãos. Por isso, fez-se célebre a máxima do próprio Montesquieu de que os juízes devem ater-se ao texto estrito da lei e que os juízes são: "a boca que pronuncia as palavras da lei, seres inanimados que não podem moderar nem a força nem o rigor das mesmas".[52]

Esta visão do juiz como autômato que se limita a aplicar as consequências jurídicas previstas nas normas legais aos fatos que se colocam no processo, obteve sua elaboração doutrinária definitiva na teoria da *subsunção* elaborada pela dogmática jurídica positiva. Segundo postula esta teoria, a função judicial circunscreve-se a encaixar os fatos controvertidos nos pressupostos fáticos tipificados nas leis e aplicar as consequências jurídicas a elas previstas, de acordo com o conhecido provérbio: *da mihi facti, dabo tibi ius*. Disso se infere que, destas premissas, concebe-se a tarefa do juiz como a mera declaração de um direito preexistente (o sistema normativo legal), e não como um dado constitutivo da definição do direito.

Esta imagem da jurisprudência entrou profundamente na cultura europeia. É provável que uma das expressões mais radicais de seu sentido e consequência deva-se a José Ortega y Gasset, quem, em uma reflexão merecedora de ser resgatada do esquecimento, parte para tentar analisar as projeções jurídicas do racionalismo, expõe como segue: "O que julga não entende. Para ser juiz é preciso fazer previamente a heroica renuncia de entender o caso que se apresenta em juízo na inesgotável realidade de seu conteúdo humano. A justiça mecaniza, falsifica o julgamento para fazer possível a sentença. Não é, pois, estranho que o imenso volume da história universal pode evidenciar tão poucos juízes inteligentes. Ainda que pessoalmente fosse, seu ofício, obrigou-o a amputar sua própria perspicácia.

---

[52] MONTESQUIEU, *Esprit des lois*, XI, 5.

Este é o triste heroísmo do juiz, sem o qual a convivência humana não resultaria possível. Afirmamos nosso respeito a essa dolorosa profissão; mas salientamos o desprezo a quem sem exercê-la, constituem-se tão fácil e alegremente em juízes de passa-tempo".[53]

É evidente que esta concepção mecanicista da tarefa judicial guarda uma simplificação e falso alcance do processo e sua relevância na conformação da experiência jurídica. Os últimos anos levaram há um distanciamento da tese subsuncionista, inclusive do enfoque positivista, ou melhor, do denominado "pós-positivimismo jurídico". De todo modo, a disputa entre a concepção pretoriana ou judicialista do direito e a concepção legalista do mesmo foi um dos grandes nós temáticos da metodologia e ciência jurídica contemporâneas. A relevância da função judicial como fonte do direito e sua repercussão para garantia da segurança jurídica constitui um capítulo inevitável das trajetórias mais recentes da cultura jurídica.[54]

Uma estimulante e proveitosa intenção dirigida a clarificar os termos dessa polêmica se deve a Genaro R. Carrió em seu lúcido ensaio: *Os juízes criam direito*. Na opinião de Carrió, a atitude que se tem a respeito desse postulado encerra duas posturas irreconciliáveis: "os que afirmam enfaticamente que é verdadeiro, e os que, com igual ênfase, sustentam que é falso. Para os primeiros, a posição dos segundos importa negar uma característica óbvia da prática do direito... Para os segundos, a posição dos primeiros importa desconhecer uma distinção tão elementar como a que existe entre as noções de criação e aplicação de normas

---

[53] ORTEGA Y GASSET, J. "Prólogo a una edición de sus obras", en *Obras completas*, Madrid: Alianza Editorial & Revista de Occidente, 1983, vol. 6, p. 343.

[54] Cfr .PÉREZ LUÑO, A. E. *La seguridad jurídica*, Ariel, Barcelona, 2ª ed. 1994, p. 133 ss.; *El desbordamiento de las fuentes del Derecho*, Real Academia Sevillana de Legislación y Jurisprudencia, Sevilla, 1993, p. 13 ss.; *Trayectorias contemporáneas de la Filosofía y la Teoría del Derecho*, 5ª ed. Madrid: Tébar, 2007, p. 23 ss.

jurídicas, negar a evidente força obrigatória do direito e, portanto, fomentar a anarquia e o caos".[55]

Deste trabalho se infere a exigência de delimitar e distinguir os conceitos que integram essa expressão. Porque para entender o que a mesma significa é preciso enfocar previamente: que direito? que juízes? e que criação? constituem o objeto de nossa asserção. É evidente que da grande pluralidade de concepções do direito se derivam diferentes respostas a essa questão. De igual modo, a imagem do juiz depende das múltiplas concepções jurídicas, assim como dos distintos sistemas do Direito comparado, sendo notórias as diferenças com relação aos que se derivam dos sistemas romanistas, da *Common Law*, dos sistemas escandinavos, socialistas...

Com relação ao significado que o termo "criar" assume na expressão de referência, penso que possa se distinguir analiticamente até oito atitudes teórico-jurídicas. Estas, classificadas desde a versão mais forte até a mais fraca da ideia de criação, respondem as teses seguintes:

1ª) Criar/julgar como *demiurgia*. Se se assume o termo "demiurgo" na acepção platônica de força criadora e suprema, podem englobar-se aqui as teses resenhadas *supra* de autores como D'Ors, Gray ou Holmes, para quem não somente os juízes criam direito, mas sim que deles procede *todo* o direito, ou melhor, que somente os juízes são fonte de direito.

2ª) Criar/julgar como manifestação do *arbítrio judicial*. Em distintos momentos do desenvolvimento histórico do direito e para alguns movimentos da cultura jurídica contemporânea, entre os que podem incluir-se a Escola do direito livre e as versões mais radicais do denominado "uso alternativo do direito", o juiz se faz investido do poder de estabelecer normas jurídicas. Essa faculdade pode exerci-

---

[55] CARRIÓ, G. R. "Los jueces crean derecho", no vol., *Notas sobre derecho y lenguaje*, 6ª reimpresión, Buenos Aires: Abeledo-Perrot, 1976, p. 79-80.

tá-la quando as exigências do caso controvertido o fizer necessário, atendendo a seu ponto de vista sobre a justiça, a sua ideia de bem ou seu sentido comum.[56]

3ª) Criar/julgar como capacidade para produzir normas *ex ius naturae* ou *ex natura rei*. Esta tese coincide com a anterior em postular a legitimidade do juiz para criar normas jurídicas por exigências de justiça, mas difere dela no que lhe impõe o dever de inspirar ou orientar sua decisão em um parâmetro normativo objetivo: o direito natural ou sua modalidade da "natureza das coisas". A célebre teoria de Gustav Radbruch, segundo a qual o juiz deve opor à legalidade iníqua o direito supralegal, constituem um exemplo claro desta postura. O próprio Radbruch, em sua monografia *Die Natur der Sache als juristische Denkform* (A natureza da coisa como forma de pensamento jurídico),[57] estimulou uma corrente doutrinária que concebia a "natureza das coisas" como fonte jurídica inspiradora do poder criador da jurisprudência.[58]

4ª) Criar/julgar como capacidade de *integração normativa*. Nas últimas décadas do século passado, pode-se considerar como uma postura representativa deste planejamento a de Ronald Dworkin. Dworkin tendente a evidenciar o caráter fragmentário e insatisfatório das teses que repousam sobre a validade das fontes em critérios formais. A partir disso, far-se-ia depender a validade das normas concretas de sua conformidade com as normas de

---

[56]) Cfr. ANSUÁTEGUI, J. " Creación judicial del derecho: crítica de un paradigma", na obra *El Derecho en Red. Estudios en Homenaje al profesor Mario G. Losano*, Madrid: Dykinson, 2006, p. 519 ss.

[57] RADBRUCH, G. "Leyes que no son Derecho y Derecho por encima de las leyes", no vol. *Derecho injusto y Derecho nulo*, trad. cast. de J. M. Rodríguez Paniagua, Aguilar, Madrid, 1971; id., *La naturaleza de las cosas como forma del pensamiento jurídico*, trad. cast., de E. Garzón Valdés, Córdoba (Argentina): Universidad de Córdoba, 1963.

[58] Cfr. GARZÓN VALDÉS, E. *Derecho y "naturaleza de las cosas". Análisis de una nueva versión del derecho natural en el pensamiento jurídico alemán contemporáneo*, Córdoba (Argentina): Universidad de Córdoba, 1970.

procedimento que em cada ordenamento jurídico regulam a produção jurídica (teoria que é qualificada por Dworkin como *teste* do *pedigree*). Não menos rejeitável lhe parecem as doutrinas que reconduzem a validade ao dado puramente fático da eficácia das normas, ou melhor, ao fato de sua aplicação e cumprimento mediante uma determinação prática social. O repúdio de cada uma destas posturas lhe conduz também à recusa do sincretismo de ambas, tal como se desprenderia das teses de Hart. Na teoria do direito como *integridade*, que sustenta Dworkin, ocupam um lugar privilegiado os princípios. Segundo a notória tese de Dworkin, todo ordenamento jurídico se faz integrado por um conjunto de princípios (*principles*), medidas ou programas políticos (*policies*) e regras ou disposições específicas (*rules*). Dworkin denomina medidas políticas as normas genéricas (*standards*) que estabelecem fins que devem alcançar-se e que implicam un avanço no terreno econômico, político ou social para a comunidade, enquanto reserva a denominação de princípios aos *standards* ou prescrições genéricas que guardam um imperativo de justiça, de imparcialidade, ou de qualquer outra dimensão da moralidade. São os princípios, quando preservam os fundamentos morais da ordem jurídica e a expressão dos direitos básicos dos cidadãos, os que asseguram a coerência e plenitude do sistema de normas, que fazem possível o império do direito e que, portanto, devem ser a pauta orientadora do trabalho jurídico.[59]

5ª) Criar/julgar como capacidade para *completar* o processo normativo. Produziu-se durante as últimas dé-

---

[59] WORKIN, R. *Taking Rights Seriously*, 2ª ed. London: Duckworth, 1978, (Existe trad. cast. de M. Guastavino, con Prólogo de A. Calsamiglia, Barcelona: Ariel, 1984); id., *A Matter of Principle*, Cambridge (Mass.) and London: Harvard University Press, 1985; id., *Law's Empire*, London: Fontana, 1986, (Existe trad. cast. de C. Ferrari, revisada por E. Abril, Barcelona: Gedisa, 1988); id., *Sovereign Virtue. The Theory and Practice of Ecuality*, Cambridge (Mass.) and London: Harvard University Press, 2000. id., *Justice in Robes*, Cambridge (Mass.) and London: Harvard University Press, 2006, (existe trad. cast., de M. Iglesias e I. Ortíz de Urbina, Madrid: Marcial Pons, 2007).

cadas uma metamorfose no conceito de norma que tem consequências imediatas na forma de conceber a função judicial. Hoje, tende-se a substituir a noção de norma jurídica como "norma dada", ou melhor, as formulações promulgadas pelo legislador, pela "norma resultado", que supõe o momento completo e culminante da elaboração normativa pelos operadores jurídicos, em especial, pelos tribunais. Disso, desprende-se que para as correntes jurídico-metodológicas atuais a norma não é o pressuposto, mas sim o resultado de un processo de elaboração e interpretação em que a judicatura lhe corresponde um protagonismo inquestionável.[60]

6ª) Criar/julgar como capacidade *excepcional* para produzir normas. Esta tese corresponde a quem circunscreve a faculdade criadora da judicatura as situações excepcionais, nas quais o juiz pode formular normas gerais, como nos casos de lacunas.[61]

7ª) Criar/julgar como faculdade para escolher o significado normativo. Esta tese poderia se fazer representada pela difusa concepção normativa de Peter Häberle, segundo a qual a atividade jurídica é levada a cabo através de um processo necessário de atribuição de um sentido às normas. Segundo Hart, toda norma possui uma estrutura aberta *(open texture)*, suscetível de assumir diversos significados possíveis. Entre eles, o juiz escolhe o que pensa mais

---

[60] Cfr. sobre estas tendências jurídico-metodológicas atuais, PÉREZ LUÑO, A. E. *El desbordamiento de las fuentes del Derecho*, cit., p. 48 ss.; id., *Derechos humanos, Estado de Derecho y Constitución*, 9ª ed., Madrid: Tecnos, 2005, p. 260 ss.

[61] Em data recente defendi esta tese, que é compartilhada por diferentes concepcões jurídicas pós-positivistas, Eugenio Bulygin, "Los jueces ¿crean derecho?" en el vol. col., *La función judicial*, a cargo de: MALEM, J. OROZCO, J. y VÁZQUEZ, R. Gedisa, Barcelona, 2003, p. 21 ss. Nesta obra se desenvolve uma errata, certamente, paradoxal. A obra de Hans Kelsen, *Reine Rechtslehre* (*Teoria pura do direito*), é citada por alguns desses duendes tipográficos, como: *Teoria fora do direito*, na p. 37, nota 16. Desse modo, a doutrina de Kelsen que possui o objetivo de elaborar uma teoria interna, quer dizer, "partindo de dentro" do direito é convertida em uma doutrina "fora" do direito.

adequado às circunstâncias, e essa escolha implica um reconhecimento de sua liberdade de opção.⁶²

8ª) Criar/julgar como possibilidade de produzir *normas individuais*. Segundo se depreende da *Teoria pura do direito*, de Hans Kelsen, o ordenamento jurídico se estabelece através de normas gerais e abstratas, criadas pelo Poder Legislativo e os órgãos administrativos competentes para isso, e normas individuais e concretas representadas por sentenças judiciais. Os juízes, ao projetarem as conjecturas genéricas e abstratas previstas nas normas gerais e os casos concretos, levariam a cabo um processo de individualização que supõe a faculdade criadora de normas individuais.⁶³

Convém observar que, das teses apresentadas, somente a 1ª reivindica o monopólio judicial da criação do direito. Nas restantes, não se coloca em questão a compatibilidade das funções criadoras do juiz com a existência de outras fontes de produção de normas jurídicas. As teses 2ª, 3ª e 4ª supõem a versão "forte" da expressão: "os juízes criam direito"; enquanto as teses 5ª e 6ª representam a versão "fraca" da mesma. A tese 5ª sustenta que o processo de criação de normas jurídicas exige a necessária concorrência de uma pluralidade de atores, sendo a judicatura uma delas. A tese 6ª limita a criação judicial a pressupostos excepcionais que confirmam a regra geral de que a produção de normas é competência do legislador; e que a judicatura lhe incumbe sua aplicação. As teses 7ª e 8ª, em que pese podem sugerir seus enunciados, constituiem respostas negativas a possibilidade de atribuir aos juízes a função criadora do direito. A concessão de Hart não implica o reconhecimento de um poder criador em mãos do juiz, mas sim uma con-

---

⁶² HART, H. *The Concept of Law*, Clarendon Press, Oxford, 1961, p. 120 ss. (existe trad. cast. de G. R. Carrió, Buenos Aires: Abeledo-Perrot, 1963 y Nacional, México, 1980).
⁶³ KELSEN, H. *Reine Rechtslehre*, Franz Deuticke, Wien, 2ª. 1960, p. 242 ss. (existe trad. cast. de R. Vernengo, México: UNAM, 1979).

cepção flexível e aberta do processo hermenêutico através do qual o juiz aplica as normas. Assim mesmo, a postura de Kelsen não deve levar a engano, porque, em seu significado estrito e visando às consequências, não guarda algo oposto à teoria da subsunção defendida pelo positivismo jurídico legalista. Convém advertir, a respeito, que para Kelsen, o ordenamento jurídico é uma estrutura piramidal estritamente hierarquizada, na qual toda norma apoia sua validade na superior. Em função dessa estrutura escalonada (*Stufenbau*) do ordenamento jurídico postulada por Hans Kelsen, a pretendida "criatividade" do juiz para formular normas individuais se circunscreve a individualizar as consequências previstas nas normas gerais, ou melhor, a aplicar o que está previsto nas normas gerais ao casos controvertidos.

Deve-se assinalar, também, que as acepções do termo "criar" estão imediatamente vinculadas a distintos entendimentos do direito e dos modelos de justiça, de modo que surgem três aspectos pelos quais se desmembra a expressão: "os juízes criam direito", ainda que permitam e aconselhem uma distinção conceitual para efeitos de clarificar seu significado, faz-se envolvidos necessariamente no desenvolvimento da experiência jurídica.

3. Aproximação ostensiva: o âmbito espacial de "julgar"

"As palavras são símbolos que – na opinião de Jorge Luis Borges – postulam uma memória dividida".[64] A palavra "julgar" simboliza a memória e o presente coletivos, que postulam uma pluralidade de significações nas quais se manifesta a multiplicidade deste conceito.

---

[64] BORGES, J. L. *El libro de arena*, 11ª reimp, Madrid: Alianza, 1993, p. 37.

No capítulo anterior, foi comprovada a diversidade de perspectivas, algumas delas antagônicas, que emanam de uma das acepções do termo "julgar": a que faz referência a sua condição de fonte do direito. Essa acepção, a mais problemática e debatida, não esgota os significados de uso da expressão "julgar". A pergunta: o que é julgar? Pode ser respondida a partir de definições ostensivas, por denotação ou extensão, mostrando uma série de exemplos, objetos e coisas relacionadas com a atividade de julgar. Assim, uma possível resposta formulada questão consiste em exibir ou apelar a tais objetos como: a sede de um julgamento, de um Tribunal de uma Audiência ou do próprio Tribunal Supremo, para indicar que esses edifícios são manifestações da atividade julgadora.

A sede em que a atividade de julgar se celebra é um edifício que possui uma estrutura determinada. Um edifício é sempre um espaço arquitetônico demarcado, separado e diferente de outros espaços. Ao delimitar tal espaço, faz-se uma determinada forma, que organiza os materiais e sua própria estrutura em função de uma finalidade. Por isso, na forma ou disposição interior de um edifício se pode discernir qual é sua peculiar finalidade. Por isso, a forma ou disposição interior de um quartel, de uma igreja, de uma estação de trem, de um edifício de moradia ou de um julgamento, são diferentes, na medida em que são meios espaciais ou arquitetônicos encaminhados ao desenvolvimento de finalidades diferenciadas. Os elementos espaciais de um edifício têm um caráter instrumental em relação aos fins que nele se perseguem. O mais característico do interior de um julgamento ou corte de justiça é que a margem de determinados elementos funcionais (corredores, departamentos, escadarias...) possui uma ou várias salas divididas em dois grandes âmbitos: o tribunal, em que atuam, com funções específicas, alguns atores qualificados (juízes, ministério fiscal, partes acusadoras e acusadas, testemunhas, peritos, jurados...), e uma sala para os espectadores que presenciam o desenvolvimento do processo. Isto determina que enquanto os atores desempenham e representam um papel especialmente intenso, ou melhor, *ativo*, o público que do espaço da sala presencia o desenvolvimento do processo, assume uma função *passiva*. Em definitivo, o âmbito espacial que serve de cenário ao juízo, tem algumas características próprias e encerra representações mentais que permitem associar a noção do processo judicial com alguns determinados edifícios.[65]

Essa pretensão de oferecer uma resposta ao que significa julgar a partir de sua identificação com o âmbito espacial no qual o julgamento se desenvolve realiza-se através do que se denominou *supradefinições ostensivas*. As definições ostensivas (do latim *ostendere*, que significa mostrar) têm a seu favor a força de sua evidência, de operar com realidades experienciais e tangíveis, e não sobre meras elucubrações teóricas. Este procedimento definitório não se faz isento de alguns riscos e limitações. Porque as definições ostensivas se baseiam em uma ou em uma série de exemplos sem que seu alcance possa estender-se arbitrariamente mais além dos mesmos. Isso condiciona as pretensões de generalidade deste método definitório. Já que, com efeito, o repertório de coisas, ou seja, de espaços físicos ou edifícios relativos ao "julgar" que aqui, somente como exemplo se apontava, não é fechado. Daí que não pode escapar à observação mais superficial o caráter incompleto do inventário. De outro lado, o que justifica a relação entre essas amostras ou experiências ostensivas de coisas que são ou estão relacionados com o julgamento é a presença em todas elas de notas ou propriedades referidas ao conceito do que é um processo judicial. Pois resulta evidente que essas sedes ou edifícios judiciais, precisamente relacionam-se

---

[65] Estimo ser interessante estabelecer uma analogia entre o âmbito espacial do juízo e as observações que sobre a arquitetura do teatro, avança José ORTEGA Y GASSET, em seu ensaio "Idea del teatro", em *Obras completas*, cit., vol., 7, p. 441 ss.

com a noção de julgar, na medida em que existe uma ideia prévia daquilo em que o juízo consiste. Em outros termos, contra o que parece evocar, a evidência ostensiva não é um *prius*, mas sim um *posterius;* não constitui o antecedente, senão a consequência de projetar sobre determinados segmentos da experiência um conceito ou ideia previamente estabelecida ou, ao menos, intuída. Em suma, a evidência sobre a que repousa as definições ostensivas não é algo que surja espontaneamente, mas sim o resultado de um determinado processo, seja ou não consciente.[66]

4. A ação de julgar e suas dimensões

Nas reflexões que antecederam, tratou-se de delimitar o âmbito significativo do julgamento. As diferentes posturas doutrinárias e soluções normativas dos sistemas jurídicos sobre o papel da função judicial na relação com as fontes do direito permitiram uma aproximação com alguns elementos caracterizadores da própria noção de julgar. Assim mesmo, a aproximação ostensiva com o significado de julgar contribuiu para desenhar as representações que a este conceito se associam. Estas duas perspectivas de enfoque respondem a um duplo interrogatório que, convencionalmente, pode denominar-se funcional e estrutural. A pergunta *funcional* expressa-se assim: para que serve julgar? E se responde em múltiplas teses sobre a função criadora da judicatura. A questão *estrutural* alude: "onde acontece a função de julgar?"e se explica com a referência às sedes ou aos estabelecimentos onde se celebra o julgamento.

Fica, contudo, uma terceira pergunta, que afeta um tema radical, que pode qualificar-se de *ontológica* e ficar

---

[66] Cfr. PÉREZ LUÑO, A. E. *Teoría del derecho. Una concepción de la experiencia jurídica*, con la col. de ALARCÓN, C. GONZÁLEZ-TABLAS , R. Y. RUIZ DE LA CUESTA, A. 7ª ed., Madrid: Tecnos, 2008, p. 29 ss.

formulada nestes termos: "o que é julgar?". Trata-se de discernir os elementos constitutivos dessa ação humana.

Convém não resvalar sobre um aspecto que, ainda que em aparência possa parecer trivial, é da máxima importância. Trata-se de que o julgamento é um ato humano. Afirmar isto supõe uma certa conquista na evolução da cultura jurídica. Implica subtrair a ação de julgar de qualquer conotação mítica, mágica ou religiosa. A partir de um determinado desenvolvimento histórico da experiência jurídica, o julgamento não se faz depender do azar, de direitos fortuitos, de casas exotéricas inefáveis ou de uma vontade presumida dos deuses. Deixa de ser um produto de oráculos, cujo sentido se atribui a sibilas ou membros de uma casta sacerdotal, em regime de monopólio.

Nos sistemas jurídicos modernos: "o trabalho dos juízes – nas palavras de Gerano R. Carrió – não se desenvolve no mistério, mas sim com vista a todo o mundo, e constitui um aspecto central do funcionamento de qualquer sociedade organizada. Os membros da magistratura não se recrutam entre os iniciados em uma sociedade esotérica... as sentenças judiciais se publicam...".[67] Se se parte dessa natureza inequívoca e especificamente humana do julgamento, vale clarificar os elementos básicos em que a mesma se esconde. Neste sentido, cabe estabelecer que a ação de julgar se desmembra em três processos que se relacionam com atividades básicas da ocupação humana: a percepção, o entendimento e a decisão.

4.1. O ato de julgar como perceber

Como outras atividades próprias do desenvolvimento da vida humana, a ação de julgar se explicita através

---

[67] CARRIÓ, G. R. "Los jueces crean derecho", cit., p. 80-81.

de determinadas funções ou expressões de sentido. Nos sistemas jurídicos do passado e do presente, falamos em contínuas referências a essa dimensão do processo judicial através de percepções e expressões sensoriais.

Constitui um dado inevitável da ação de julgar sua referência às percepções sensoriais da vista e da audição, assim como a expressão oral de ideias ou sentimentos. Nas normas processuais, dos distintos setores do ordenamento jurídico, aparecem constantes referências a esses aspectos sensórios. Assim, com relação ao componente *visual* do processo, podem resenhar-se, sem pretensão alguma de exaustividade, remissões tais como: Celebração de vistas, vistas, suspensão de vistas, visto para sentença... A percepção *auditiva* do juízo se alude em expressões como: Audiência, audiência prévia ao julgamento, audiência pública, audiência à revelia, auditor, ouvidor... Fazem referência à dimensão *oral* do processo noções tais como julgamento oral, informações orais, deposição oral, testemunha oral, acareação, confissão do processado e pessoa civil ou criminalmente responsável, concessão da última palavra ao processado...

Na tradição jurídica romanista, a dimensão perceptiva e expressiva do processo se refletiu em múltiplos aforismos e brocardos. Entre eles, merecem ser assinalados alguns: *"Audiatur et altera pars"* ("Escute-se também a outra parte"); *"Exhibere est facere in publico potestatem, ut ei qui agat experiundi sit copia"* ("Exibir é apresentar-se diante do magistrado para que o demandante possa exercer sua ação"); *"Manifesta non indigent demonstratione vel probatione"* ("As coisas evidentes não necessitam demonstração ou prova"); *"Uti lingua nuncupassit, ita ius esto"* ("Segundo as palavras pronunciadas, assim será o direito"); *"Quum in verbis nulla ambiguitas est, non debet admitti voluntatis quesito"* ("Quando não há ambiguidade nenhuma nas palavras, não deve admitir-se questão sobre a vontade")[68]...

Levaria ao excesso de prolixidade e se separaria do objeto destas reflexões, a intenção de uma consideração demorada em pormenores sobre as distintas manifestações e alcance da dimensão perceptiva do julgar. Para os efeitos desta análise, estimo que será suficiente aludir a alguns episódios e teses doutrinárias em que se corrobora esta dimensão da ocupação judicial:

a) Entre os episódios históricos nos quais se manifesta o componente "visual" do julgamento, adquiriu especial celebridade o denominado "julgamento de Friné", ao que aludem numerosos clássicos greco-latinos e que na tradição cultural do ocidente inspirou diversas manifestações pictóricas e escultóricas. Friné era uma cortesã que adquiriu fama por sua beleza escultural (neste caso não se trata de uma metáfora, já que foi a modelo predileta de Praxíteles) na Atenas do Séc. IV a.C. Induzida por seus admiradores a imitar a deusa Afrodite (a Vênus romana), foi acusada de impiedade. Esta acusação possuía notável gravidade até o ponto de instaurar-se o processo e a condenação de Sócrates. No julgamento, assumiu a defesa de Friné o retórico Hipereides, quem diante da duvidosa eficácia de seus argumentos de defesa, a exortou para que se desprendesse de seu manto e mostrasse seu corpo desnudo diante do Tribunal. Diante da rotundidade desta visão, os juízes unanimemente decidiram absolver a Friné;[69]

---

[68] Cfr. DOMINGO, R. (Director), ORTEGA, J. y RODRÍGUEZ-ANTOLÍN, B. *Principios de Derecho Global. Aforismos jurídicos comentados*, Thomson/Aranzadi, CizurMenor (Navarra), 2003; IGLESIAS REDONDO, J. *Repertorio bilingüe de definiciones, reglas y máximas jurídicas romanas*, Madrid: Civitas, 1986; MANS, J. *Los Principios Generales del Derecho*, Barcelona: Bosch, 1979. En la obra *Dichos jurídicos y éticos tradicionales*, Madrid: Civitas, 1986, compilados por M. G. Martínez, constam numerosas máximas referentes as percepções sensoriais do juiz. Como exemplo, pode citar-se o seguinte: "Ojos de jueces, lengua de abogado y pies de pleiteante, llevan lo suyo adelante", p. 140.

[69] Cfr. PÉREZ-PRENDES, J. M. "El mito de Friné", en *Cuadernos de Historia del Derecho*, 1999, n.6, p. 211 ss.

b) No que se relaciona à dimensão "auditiva" do julgar resulta ser do maior interesse a investigação do historiador do direito Carlos Petit, em sua relevante obra *Iustitia Gothica*. Nela, dedica um capítulo intitulado: *A audiência iudiciali* a expor os principais aspectos que revestia esta dimensão do processo no ordenamento jurídico visigodo. A tarefa de julgar no âmbito do Direito visigodo oferece um relevante exemplo do caráter nuclear que os aspectos auditivos revestem o processo. O desenvolvimento do sistema processual visigodo registra uma modificação desde seu primitivo rumo popular até uma progressiva tecnificação. O primeiro esteve personificado na audiência pública que representa a assembleia coletiva germânica, com a que se quer que a auditoria judicial se faça inserida em uma atmosfera de auditores populares coletivos. Esta fase será progressivamente abandonada, na medida em que a penetração do Direito romano no visigodo se traduza em uma substituição dos auditores populares por auditores técnicos (juristas ou eclesiásticos), os quais atuarão como colaboradores do juiz e serão designados por ele.[70]

A instituição do jurado poderia considerar-se como uma reminiscência nos sistemas jurídicos atuais da dimensão popular da audiência no processo. Não custa recordar que o componente auditivo do julgar representa a outra cara da oralidade do processo. Escuta-se porque se fala. O que se escuta no procedimento judicial é, portanto, o que nele se diz. Daí que qualquer reflexão sobre as percepções sensíveis auditivas do julgamento tenham como referência e se prolonguem necessariamente nos aspectos orais do processo.

c) Sintetizam a inquietude constante, nos sistemas jurídicos e na doutrina, porquanto refere-se a *oralidade* do processo, as observações do professor Manuel Olivencia,

---

[70] PETIT, C. *Iustitia Gothica. Historia Social y Teología del Proceso en la Lex Visigothorum*, Huelva: Publicaciones de la Universidad de Huelva, 2002, p. 243 ss.

mercantilista de denso prestígio, expostas em seus estudos sobre: *Linguagem e direito*. A oralidade do processo constitui um traço distintivo e uma garantia jurídica de nossa tradição cultural. Assumindo esse significado garantista, a vigente Constituição espanhola prescreve que: "O procedimento será predominantemente oral, sobre tudo em matéria criminal" (art. 120.2). Assim mesmo, corrobora com esse princípio constitucional da oralidade, a Lei Orgânica do Poder Judiciário" (art. 220.1). Em que pese o disposto nesses textos, o professor Olivencia mostra sua preocupação diante da progressiva suplantação da oralidade pelos procedimentos escritos. "O certo é que a oralidade processual está em regressão e a oratória forense, desprezada como traste inútil". Olivencia reivindica a importância do informativo forense que é a principal peça oratória do debate processual. Tal informativo realiza-se na vista oral dos processos penais, nos quais está o fiscal de defesa e, em outro caso, a acusação particular. Informativos orais que se apresentam nos processos de cassação e revisão. Apesar disso, a regressão da oralidade supõe, na opinião de Olivencia, um sinal preocupante da orientação das vigentes normas processuais do âmbito civil e contencioso-administrativo. Conclui Olivencia, assinalando que: "Estamos assistindo a uma crise da oralidade, ocasionada pelo atraso na Administração da Justiça, mas que tende a perpetuar-se como solução definitiva. Vítima de uma justiça tardia e com pressa, o informativo dos Advogados não somente se reduz a casos contados, mas sim, dentre eles, a uma duração com frequência insuficiente, imposta pela urgência, que o converte em uma atuação incômoda para o orador e para o Tribunal e põe em grave risco sua qualidade e sua utilidade".[71]

---

[71] OLIVENCIA RUIZ, M. "Lenguaje y Derecho", en sus *Escritos Jurídicos*, Sevilla: Fundación El Monte, 2005, vol. I, p. 511 y 515.

4.2. O ato de julgar como raciocinar

Do caráter inequivocamente humano do julgamento se deduz que um de seus traços constitutivos deve ser a racionalidade. A razão é a faculdade humana por excelência, aquela que distingue o ser humano de outros seres e confere, precisamente, o atributo da humanidade. Mas uma vez admitida a decisiva importância da razão na atividade do juiz, projeta-se um árduo debate metodológico sobre o tipo de racionalidade que deve circunscrever-se à tarefa de julgar. É um debate que se deu em paralelo ao das já mencionadas disputas da ciência e da filosofia do direito em torno da capacidade criadora do juiz. Alguns dos argumentos que aqui se invocam estão baseados nos avanços daquela polêmica, ainda que nesta, as posições podem reconduzir-se a dois pontos. A primeira faz-se representada por quem considera que o ato de julgar é uma manifestação de *racionalidade pura*, ou seja, uma atividade estritamente lógica através da qual o juiz é capaz de conhecer ou identificar a norma aplicável do juiz com um *silogismo* em que a premissa maior está representada pelo sistema de fontes do direito; a premissa menor, pelas circunstâncias do caso ajuizado; e a conclusão é um ato lógico pelo qual o juiz, uma vez identificada a norma pertinente dentro do sistema de fontes, aplica a solução do caso que é objeto do processo. Trata-se de um mecanismo que explicita o procedimento da subsunção, a que se aludiu *supra*. A segunda opção concebe a atividade judicial como expressão da *racionalidade prática*, ou melhor, reputa a mesma um processo discursivo tendente a inferir as "boas razões", argumentos ou motivos relevantes tendentes a estabelecer a norma jurídica mais oportuna para resolver o processo.

A *Methodenstreit* da filosofia e a teoria do direito nas últimas décadas conquistaram um de seu aspectos mais relevantes nestas duas teses opostas, sobre o que significa julgar sopesado com o exercício de racionalidade judicial.

a) as teorias que propugnam a possibilidade de aplicar modelos de *racionalidade lógico-formal* ao direito têm defendido, com decisiva ênfase, a concepção do julgamento como um ato de estrita racionalidade.

Estas teses se baseiam nos aspectos técnicos da linguagem jurídica, assim como na coerência e sistematicidade dos ordenamentos jurídicos. Esta dimensão lógica dos sistemas normativos jurídicos permite projetar para seu conhecimento e aplicação determinadas premissas lógico--formais mediante as que o juiz identifica a norma aplicável ao caso. A função judicial se desenvolve, desse modo, em termos de estrita previsibilidade lógica que redundam na garantia do valor da segurança jurídica.[72]

As tendências logicistas sobre o significado de julgar aumentaram, nos últimos anos, pela possibilidade de projetar a informática ao direito. Tal possibilidade se faz condicionada pelas características da linguagem jurídica. Nos sistemas jurídicos evoluídos, a linguagem normativa adquiriu um notável grau de precisão, o que, na opinião dos defensores da projeção da lógica formal e da informática ao direito, constitui um dado que avaliza e facilita tais aplicações. Não se pode ocultar, no entanto, a existência de dificuldades para fazer da linguagem jurídica uma linguagem exata, unívoca e logicamente rigorosa. Essas dificuldades não se circunscrevem a seu componente natural, já que inclusive os conceitos e categorias que integram a linguagem jurídica técnica, a diferença de quanto sucede nas ciências exatas, não são sempre utilizadas no mesmo sentido, ainda no seio de um mesmo ordenamento jurídico, o que comporta importantes problemas com vistas a sua

---

[72] Cfr. PÉREZ LUÑO, A. E. *La seguridad juridica*, cit., p. 78 ss y 133 ss. Para um panorama geral dos distintos modelos de projeção da lógica formal à argumentação jurídica, ver ATIENZA, M. *El Derecho como argumentación*, Barcelona: Ariel, 2006, p. 109 ss. Assim mesmo, foi elaborado uma exposição das diferentes concepções formalistas do direito: F. Llano Alonso, *El formalismo jurídico y la teoría experiencial del derecho*, con Prólogo, de PÉREZ LUÑO, A. E. Valencia: Tirant lo Blanch, 2009, p. 32 ss.

formalização. Uma linguagem técnica se faz integrada por um conjunto de termos dotados de um significado preciso. Essa precisão se consegue através de algumas definições, dirigidas a dotar de um sentido unívoco e estrito os termos de tal linguagem. As noções de "hipoteca", "enfiteuse", "contrato", "licitude"..., são alguns termos técnicos da linguagem jurídica. Mas, nem todas as expressões da linguagem técnica do direito têm um significado exclusivamente jurídico. Transbordam na linguagem jurídica conjecturas polissêmicas (ação, capacidade, pessoa...) nos quais uma mesma palavra poderá pertencer a linguagem natural ou jurídica segundo seu contexto usual.

A *lógica deôntica*, mais além da pluralidade e heterogeneidade de suas acepções, implica a possibilidade de estender as inferências lógicas não somente as descrições, mas sim as prescrições; ou melhor, permite construir uma lógica de normas. Neste sentido, o ordenamento jurídico representa o contexto coerente e sistemático em cujo seio pode estabelecer-se um sistema de conexões, deduções e decisões lógicas. Tudo isso é muito relevante para a informatização da linguagem jurídica em um duplo sentido: porque a maior estruturação lógica da linguagem jurídica será mais fácil sua formalização informática; e porque a possibilidade de projetar regras lógicas sintáticas das normas permite facilitar as operações do computador. Não em vão, os computadores não utilizam conceitos semânticos, mas sim relações sintáticas. Os operadores deônticos (mandado, proibido e permitido) possibilitam em definitivo estabelecer relações de compatibilidade, coerência e dedução dentro do contexto do ordenamento jurídico, que podem ser formalizadas em linguagem da informática.

Em meados da década de setenta do século passado, conforma-se um dos setores mais dinâmicos e em constante evolução da Informática jurídica metadocumental ou decisional, o que se refere à aplicação ao direito da inteligência artificial (IA) e os sistemas de especialistas (peritos)

(SE). A inteligência artificial alude ao conjunto de atividades informáticas que se fossem realizadas pelo homem seriam consideradas produto de sua inteligência. A própria amplitude destas operações que abarcam a compreensão de linguagens naturais, o reconhecimento de imagens ou sons, até uma ampla e diversa gama de jogos e simulações, determinaram a necessidade de demarcar e delimitar seu âmbito. Para isso, também, contribuiu a contradição que supõe conselhos de entidades alheias ao homem a face humana por excelência, ou seja, a inteligência. Daí que hoje se menciona preferencialmente ao que é o setor mais importante da inteligência artificial e que se refere aos sistemas de perícias. Tais sistemas incorporam, de uma maneira prática e operativa, o conhecimento que possui um perito na matéria de que trata. Consistem em programas que reproduzem as atuações que imaginaram os peritos. Entre os sistemas de perícia mais notórios de nossos dias se encontram os dirigidos ao desenho artístico ou arquitetônico, a localização de jazidas minerais e o diagnóstico médico. O paralelismo entre o diagnóstico clínico e o parecer ou ponderação do juiz proporcionaram uma grande bibliografia sobre experiências de aplicação dos SE e a atividade judicial. Indica-se que igual ao que o médico receita em função de verificar os sintomas da doença em um quadro de patologias; o juiz, mediante o silogismo da subsunção, atribui a alguns fatos tipificados as consequências jurídicas previstas na norma. Em função disso, proliferaram nestes anos uma série de projetos e protótipos de sistemas de perícia jurídica (SEJ) em matérias tais como liquidações tributárias, cálculo de indenizações por acidente de trabalho ou de tráfico, profecias das consequências jurídicas de impactos ambientais, condições de aquisição da nacionalidade e Direito de família, ou também, matrimônio e divórcio. Estes sistemas, mais que suplantar a racionalidade judicial, como indevidamente pretenderam alguns radicais ingênuos da informática jurídica, projetam-se hoje como meios auxiliares e, de certo modo, conformadoras da atividade lógica do juiz.[73]

b) Pioneiro na restauração do interesse jurídico pela *racionalidade prática*, assim como por suas repercussões na prática judicial, foi Theodor Viehweg, quem concebe a "tópica" como o método dialógico que orienta o raciocínio do juiz até as decisões dos casos, ou problemas concretos, nos que se expressa o direito.[74] Devem também mencionar-se os estudos sobre a nova retórica devidos a Chaim Perelman, tendentes a mostrar a estrutura argumentativa do raciocínio judicial;[75] assim como a revalorização da razão prática, denominada por Luis Recaséns Siches "logos do raciocínio", na interpretação e aplicação do direito pela parte da judicatura.[76]

A relevância geral da racionalidade prática nos sistemas normativos foi objeto de um estudo de Joseph Raz, em que concebe as "razões" *(reasons)* como relações entre fatos e pessoas, sempre que se trata de fatos com projeção normativa quando determinam a atuação devida. Raz, mais que da filosofia prática valorativa tendente a mostrar os valores que devem perseguir-se e as razões orientadoras da ação, prefere centrar sua atenção na análise prático-conceitual de categorias tais como valor, norma, ação e da natureza das regras de inferência que governam o raciocínio prático. Para isso, propugna uma filosofia geral da razão

---

[73] Cfr. PÉREZ LUÑO, A. E. *Cibernética, Informática y Derecho. Un análisis metodológico*, Bolonia: Publicaciones del Real Colegio de España, 1976 p.83 ss.; id., *Manual de informática y derecho*, Barcelona: Ariel, 1996, pp 179 ss.; id., *Ensayos de Informática Jurídica*, México: Fontamara, 1996, p. 107 ss.; id., *¿Ciberciudadaní@ o ciudadaní@com?*, Barcelona: Gedisa, 2004, p. 57 ss.

[74] VIEHWEG, TH. *Topik und Jurisprudenz*, Beck, München, 1953. (De esta obra existe trad. cast. de L. Díez-Picazo, *Tópica y jurisprudencia*, Madrid: Taurus, 1964).

[75] PERELMAN, CH. *Traité de l'argumentation. La nouvelle rhétorique*, en col. con L. Olbrechts-Tyteca, Bruxelles: Editions de l'Université de Bruxelles, 1970.

[76] RECASÉNS SICHES, L. *Nueva filosofía de la interpretación del Derecho*, Fondo de Cultura Económica, México, 1956; id., *Experiencia jurídica, naturaleza de la cosa y Lógica "razonable"*, México: Fondo de Cultura Económica & UNAM, 1971.

prática, que estudaria conceitos comuns às diversas disciplinas práticas (direito, moral e política), tais como os de regras e sistema normativo. Corolário de tal premissa é sua convicção de que é possível e necessário desenvolver uma lógica unificada dos conceitos normativos, e que a parte básica dessa lógica não é a lógica deôntica, mas sim a lógica das razões para a ação, entre as que ocupam um lugar qualificado as que tendem a dirigir a ação de julgar.[77]

No marco de tais inquietudes é, também, digno de menção o esforço de Josef Esser com referência à necessidade de que o juiz tenha presentes às expectativas da coletividade para que o resultado da função hermenêutica, que possui uma inevitável dimensão prática, goze de um amplo consenso social.[78] John Hart Ely insistirá, por sua vez, na necessidade de que a decisão judicial esteja limitada pela exigência de ponderar os interesses dos afetados, sobre a base de uma consideração igual de suas pessoas.[79]

Na dimensão institucional das pautas de racionalidade prática da função judicial, têm feito especial menção Neil MacCormick e Ota Weinberger. Os sistemas jurídicos contemporâneos requerem um alto grau de racionalidade, tanto em suas estruturas normativas, como nos procedimentos de aplicação do Direito. A racionalidade prática desempenha uma importante função de garantia da adequação das decisões judiciais a consequências socialmente desejáveis e racionalmente fundadas. Mediante o exercício da racionalidade prática, os juízes tendem a apoiar suas decisões em critérios universalizáveis; quer dizer, ultrapassam objetivos particulares para perseguir aqueles

---

[77] RAZ, J. *Practical Reason and Norms*, Hutchinson, London, 1975. (Da segunda edição desta obra que data de 1990, existe trad. cast. de J. Ruiz Manero, Madrid: Centro de Estudios Constitucionales, 1991).

[78] ESSER, J. *Vorverständnis und Metodhenwahl in der Rechtsfindung*, Atheneum, Frankfurt a.M., 1970.

[79] HART Ely, J. *Democracy and Distrust. A theory of Judicial Review*, Harvard University Press, Cambridge (Mass.) and London, 1980.

valores gerais e institucionalizados na prática social, que legitimam a observância do direito.[80]

c) Especial menção merece o empenho de Robert Alexy em sugerir regras e procedimentos tendentes a garantir a racionalidade da argumentação jurídica, oferecendo uma via *mediadora* entre as posturas até aqui resenhadas. Alexy pretende evitar, deste modo, que ineludíveis valorações do juiz degenerem em juízos de valor subjetivos e arbitrários. A referência às normas materiais e processuais aplicáveis ao caso, a obrigada consideração aos precedentes, assim como as pautas orientadoras da Dogmática jurídica institucionalmente cultivada, constituem o horizonte em que se projeta a racionalidade no direito.

Talvez o mérito principal das investigações de Alexy resida no esforço por estabelecer uma aproximação entre a argumentação jurídica a partir da *racionalidade prática* e a *análise lógica e linguística* do raciocínio judicial. Alexy divide com os teóricos da argumentação a ideia de que a racionalidade jurídica não pode reduzir-se a esquemas da lógica formal. Não obstante, a racionalidade da argumentação jurídica não deixa de ser uma forma de "racionalidade", que deve obedecer a premissas de correção e rigor. O elemento básico para consegui-lo é o procedimento.

O raciocínio do juiz não responde ao acaso ou à arbitrariedade, mas sim a "razões"que atuam como modelos justificativos da criação, a interpretação e aplicação de normas. Essas justificativas não somente se baseiam em fatores estáticos (a conformidade das premissas com o conteúdo das regras jurídicas positivas ou metapositivas – Direito natural –; ou a estrita dedução entre as premissas e suas

---

[80] MACCORMICK, N y WEINBERGER, O. *An Institutional Theory of Law*, Reidel, Dordrecht, 1986. Do Capítulo XI desta obra sobre *Los límites de la racionalidad en el razonamiento jurídico*, existe trad. cast. de M. Atienza y J. Ruiz Manero incluida no vol. a cargo de J. Betegón y J. R. de Páramo, *Derecho y Moral. Ensayos analíticos*, Barcelona: Ariel, 1990, p. 9 ss.

consequências...); mas sim, principalmente em um elemento *dinâmico:* o procedimento argumentativo.

Robert Alexy acolheu, desenvolveu e projetou o direito às teses sobre o discurso prático e a teoria consensual da verdade devidas a Jürgen Habermas. Segundo Alexy, um discurso prático é racional quando satisfaz as condições de uma argumentação prática racional. Quando estas condições se cumprem, o resultado do discurso é correto. As condições que garantem a racionalidade do procedimento do discurso são resumidas por Alexy em um sistema de regras que guiam a atividade da racionalidade prática. Estas regras respondem a uma dupla exigência:

1) As que garantem a correção *estrutural* dos argumentos e que impõem, entre outras coisas, sua não contradição, a claridade liguístico-conceitual, a veracidade das premissas empíricas utilizadas, a exaustividade dedutiva dos argumentos, a consideração das consequências, a valoração comparativa dos argumentos;

2) As que garantem a *imparcialidade do procedimento* argumentativo e que fazem referência ao reconhecimento do direito a participar no discurso em condições de liberdade e de igualdade (qualquer pessoa capaz pode intervir no discurso, apresentar seus pontos de vista, desejos e necessidades; a nenhuma pessoa se pode impedir que exercite suas faculdades reconhecidas nas regras do discurso, mediante uma coação estabelecida, exterior ou interior do discurso).[81]

A tese de Robert Alexy, no que concerne ao significado do trabalho judicial, permite-me entender uma dupla consequência:

---

[81] ALEXY, R. "Die Idee einer prozeduralen Theorie der juristischen Argumentation", en *Rechtstheorie*, 1981, n° 2, pp 178 ss.; id., *Theorie der juristischen Argumentation*, Suhrkamp, Frankfurt a.M., 1978. (Trad. cast. de M. Atienza e I. Espejo, *Teoría de la argumentación jurídica*, Madrid: Centro de Estudios Constitucionales, 1990), p.213 ss. Cfr. M. Atienza, *Las razones del Derecho. Teorías de la argumentación jurídica*, Madrid: Centro de Estudios Constitucionales, 1991, p. 177 ss.

1ª) Que a teoria da argumentação judicial supõe, de certo modo, um deslocamento que hoje questiona a coerência do ordenamento jurídico; a coerência, em termos de racionalidade discursiva, das decisões jurisprudenciais;

2ª) Que a teoria da argumentação racional de Alexy não é ideologicamente neutra. Os pressupostos do procedimento discursivo são a liberdade e a igualdade, ou seja, os valores básicos do Estado de direito e, por sua vez, a teoria do consenso obtida através da argumentação racional constitui o fundamento legitimador da legalidade do Estado de direito. Desse modo, adverte-se uma certa circularidade nesta concepção argumentativa: a argumentação exige a presença de determinados direitos para garantir sua própria racionalidade e imparcialidade; e os direitos fundamentais requerem da argumentação para garantirem interpretação e aplicação pelos juízes nas situações concretas.[82]

A tese de Alexy tem sido um fértil estímulo para a superação das doutrinas propugnadoras de uma fratura entre as dimensões lógico-formal e prática do raciocínio jurídico. A rebelião, surgida em meados do século passado, contra os excessos do logicismo formalista no direito, pagou, por sua vez, tributo ao excesso. O ardor polêmico com que denunciaram a unilateralidade dos empenhos teóricos que reduziam todo o raciocínio jurídico a um conjunto de processos e categorias lógico-formais, lhe conduziu a negar os ingredientes lógicos e sistemáticos que inevitavelmente integram também a argumentação dos juristas. Hoje, considera-se mais ajustado à realidade reconhecer a interdependência dessas dimensões e sua presença necessária e

---

[82] ALEXY, R. *Theorie der Grundrechte*, Suhrkamp, Frankfurt a.M., 1986, da qual existe versão cast. de E, Garzón Valdés, revisada por R. Zimmerling, Madrid: Centro de Estudios Constitucionales, 1993.; id., *Begriff und Geltung des Rechts*, Steiner, Freiburg/München, 1992, da qual existe versão cast. de J. M. Seña, Barcelona: Gedisa, 1994; id., *Derechos sociales y ponderación*, ed., cast. a cargo de R. García Manrique, vol., col., em que constam, também, colaborações de vários autores, Madrid: Fundación Coloquio Jurídico Europeo, 2007.

conjunta em uma visão compreensiva dos argumentos jurídicos.

Sintoma exemplar desses novos rumos metodológicos é o enfoque de Manuel Atienza, que desenvolveu uma completa síntese dos processos lógico-formais, materiais e pragmáticos que conformam a argumentação jurídica. Sem desconhecer a relevância destes últimos, Atienza propõe uma avaliação das contribuições da lógica formal ao raciocínio jurídico que tenta evitar as duas polaridades extremas, e igualmente insatisfatórias, com relação à incidência da lógica formal no direito. A primeira delas, representada pela tese que postula a possibilidade de formalizar absoluta e integralmente todos os processos discursivos conformadores dos argumentos jurídicos. A segunda, responderia a atitude de quem, como se teve ocasião de resenhar *supra*, infravalorizou ou negou qualquer projeção lógico-formal na esfera dos raciocínios jurídicos.

Estima Atienza que contra o que está na argumentação jurídica não é obviamente contra a lógica, o que seria cair em um absurdo, mas sim contra suas pretensões imperialistas. A análise lógica dos raciocínios jurídicos não é um trabalho que pode considerar-se já finalizado. Fica aberta a tarefa de uma projeção da lógica sobre a pluralidade dos enunciados jurídicos, que dão conta da variedade de elementos que integram um concepção ampla do direito. Invoca Atienza o paralelismo, aduzido em ocasiões, entre a gramática e a lógica. Para escrever bem não basta conhecer as regras da gramática, mas conhecê-las é de grande ajuda. De modo análogo, o jurista que tem que argumentar no direito não será um bom jurista simplesmente por conhecer algo de lógica, mas esse conhecimento é de uma inestimável ajuda em determinados contextos.

Atienza cifra mencionadas colaborações em três âmbitos: 1) Oferecer esquemas de análise, que ajudam a ordenar os argumentos e a avaliar, *prima facie*, sua possível bondade. O conhecimento da lógica contribui com a claridade da argumentação. 2) Contribuir com a facilitação da interpretação e conceitualização. A lógica proporciona uma linguagem formal que pode traduzir os argumentos da linguagem natural. Permite assim, adotar a expressão dos argumentos jurídicos de uma linguagem rigorosa, evitando as contradições, incoerências, ambiguidades... Com isso, não ficam resolvidos todos os problemas que concorrem na interpretação do direito, mas se contribui para evidenciá-los. 3) Proporcionar um critério para o controle dos argumentos. Para a lógica dedutiva, a maior parte dos argumentos que utilizamos na vida cotidiana e na jurídica, são entimemáticos, isto é, não explicitam todas suas premissas. A lógica dedutiva é um método que permite detectar as premissas que faltam e controlar a qualidade dos argumentos, pois nos leva a planejarmos a questão até que ponto essas premissas implícitas são ou não aceitáveis.[83]

Este enfoque, estimo, que é suscetível de ser projetado a esfera da argumentação judicial. Também, nela o raciocínio do juiz encontra um proveitoso apoio na lógica formal em três momentos: 1°) O da atividade judicial tendente a elaboração rigorosa, ou melhor, ordenada, coerente e clara de seus argumentos. 2°) O da expressão linguística desses argumentos, através de uma linguagem precisa e depurada de temos ambíguos ou obscuros... Com isso, facilita-se a interpretação do significado das sentenças. 3°) O que concerne a congruência interna das correntes argumentativas que formam o raciocínio judicial e que constitui o nervo da motivação e das sentenças.

---

[83] ATIENZA, M. *El Derecho como argumentación*, cit., p. 179-180. A partir das formulações de Vico, defendi também um desenvolvimento integrador das dimensões lógico-formal e prática do raciocínio jurídico, em meus trabalhos: "Razonamiento jurídico y razonamiento cibernético", en mi libro: *Cibernética, Informática y Derecho. Un análisis metodológico*, Bolonia: Publicaciones del Real Colegio de España, 1978, p. 83 ss.; "Giambattista Vico y el actual debate sobre la argumentación jurídica", em *Cuadernos sobre Vico*, n. 5-6, p. 123 ss.; "Un modelo histórico de argumentación jurídica: Giambattista Vico", em *Revista de Ciencias Sociales*, (Universidad de Valparaiso-Chile), n° 45, p. 15 ss.

Na jurisprudência espanhola, em especial na do Tribunal Constitucional, como em outros Estados de direito de nosso entorno político-cultural, adverte-se o preponderante papel que assume a argumentação racional como garantia da segurança jurídica dos cidadãos. O marco se amplia, com a constante referência do TC à fundamentação racional de seus argumentos e em relação com os aspectos que incidem na argumentação jusfundamental, podem-se distinguir três postulados básicos:

1º) A argumentação racional se considera como requisito básico para a *tutela efetiva dos direitos fundamentais*. Existe uma abundante jurisprudência em que expressamente se alude a motivação, em termos de argumentação racional das decisões, como elemento nuclear do direito constitucional a tutela efetiva. Assim, nosso máximo intérprete da Constituição proclama que: "É doutrina reiterada deste Tribunal Constitucional que a tutela judicial efetiva, consagrada no art. 24.1 CE, compreende o direito a obter uma resolução fundada no Direito, como garantia máxima – dada a essência da função jurisdicional – frente à arbitrariedade e irracionalidade na atuação dos poderes públicos" (STC 131/1990, FJ l.). Doutrina reiterada, entre outras, na sentença que sustenta: "A obrigação de motivar as sentenças que o art. 120.3 CE impõe aos órgãos judiciais, colocada em conexão com o direito à tutela judicial protegido pelo art. 24.1 da Constituição – entendido como direito a uma resolução juridicamente fundada –, conduz a integrar no conteúdo desta garantia constitucional o direito do jurisdicionado em conhecer as razões das decisões judiciais e, portanto, o enlace das mesmas com a lei e o sistema de fontes, da qual são aplicáveis". (STC 14/1991, FJ 2);

2º) A argumentação judicial concebe-se como um exercício de *racionalidade* tendente a evitar decisões *arbitrárias*. Um bom número de sentenças de nosso TC coincidem em exigir uma motivação baseada em raciocínios argumentativos das decisões judiciais, como meio para evitar resultados contraditórios ou ilógicos. Isso implica que os juízes deverão justificar racionalmente suas resoluções e sentenças. Basta citar como evidencia o TC nos seguintes parágrafos: "É doutrina reiterada deste Tribunal Constitucional que uma aplicação da legalidade que seja arbitrária, manifestamente irracional não pode considerar-se fundada no Direito e leciona, por isso, o direito à tutela judicial... Assim, ocorre nos casos em que... a resolução judicial contém contradições internas ou erros lógicos que fazem dela uma resolução manifestamente irracional por contraditória e, por isso, carente de motivação" (STC 184/1992, FJ 2);[84]

3º) A exigência de argumentação racional não garante o *acerto da decisão judicial*. O TC adverte que o procedimento argumentativo contribui com que as decisões judiciais se elaborem segundo pautas de racionalidade formal, mas sem que isso necessariamente implique que o resultado dessas inferências racionais represente a justiça material. Como exemplo significativo dessa orientação, vale mencionar quando se evidencia na seguinte decisão do TC: "o direito a tutela judicial reconhecido no artigo 24.1 CE acarreta no direito a obter uma resolução fundada no direito em relação à pretensão formulada diante do Juiz competente, o qual deve aplicar de maneira motivada as normas jurídicas aplicáveis e resolver racionalmente a questão que se apresenta, mas o artigo 24.1 CE não garante a adequação do órgão judicial na solução do caso concreto" (STC 55/1993, FJ 5).

4.3. O ato de julgar como decidir

Existem múltiplas atividades humanas nas quais se envolvem percepções e raciocínios, sem que as mesmas

---

[84] Cfr.: ATIENZA, M. *El Derecho como argumentación*, cit., p. 154 ss.; R. de Asís, *El juez y la motivación en el derecho*, Madrid: Dykinson, 2005, p. 77 ss. J. Malem, *El error judicial y la formación de los jueces*, Barcelona: Gedisa, 2008, p. 27 ss.; A. Nieto, *El arbitrio judicial*, Barcelona: Ariel, 2000, p. 17 ss.; L. Prieto Sanchís, *Justicia constitucional y derechos fundamentales*, Madrid: Trotta, 2003, p. 175 ss.

possuam relevância jurídica. O que caracteriza o ato de julgar é que essas percepções e raciocínios se dirigem a obter algumas consequências jurídicas relevantes. Por isso, as sentenças ou erros judiciais se denominam também: "decisões". O juiz, depois de perceber determinadas situações através de seus sentidos e depois de pertinente análise racional, estabelece o que no direito procede para resolver um conflito, reconhecer um direito ou impor uma obrigação. A decisão judicial exige, portanto, um ato de vontade por parte do juiz através do qual se põe fim a um processo, mediante o estabelecimento do que no direito procede. Fixa, desta forma, a conclusão de uma causa e o que é, em termos processuais, a "verdade jurídica", provisória ou definitiva, segundo assume ou não a qualidade de coisa julgada.[85]

Sobre o significado histórico e atual das decisões judiciais, resulta de inegável mérito a reflexão exposta por Luis Recaséns Siches, que oferece uma síntese crítica de algumas das teorias mais relevantes nesta matéria. As doutrinas de Theodor Viehweg, Joseph Esser, Ottmar Ballweg, Michel Villey, Julius Stone... foram analisadas com atento interesse por parte de Recaséns para estabelecer algumas consequências de inquestionável valor nesta esfera. Segundo Recaséns, o mérito destes autores reside em que oferecem a visão mais profunda e mais aguda sobre a natureza da decisão judicial, orientada até a solução prática dos conflitos jurídicos.

Existe uma boa razão que exclui a possibilidade de que a decisão judicial seja conseguida por um raciocínio dedutivo: quiçá nenhuma das regras usadas pelos juízes permita inferir dela a solução corretamente adaptada ao litígio. As regras orientadoras da decisão, no devir do processo, foram construídas pela obra dos jurisconsultos que

---

[85] Sobre a noção de "verdade jurídica" na certeza da coisa julgada, cfr. PÉREZ LUÑO, A. E. *La seguridad jurídica*, cit., p. 115 ss.

trabalharam sobre a base de precedentes, sobre casos mais ou menos similares, ou então sobre o fundamento de princípios da razão pura deduzidos de uma lei racional supostamente conhecida de antemão. Ou bem, nenhum desses precedentes era *exatamente* idêntico ao caso que se devia julgar. Agora, o direito definiu-se como a solução concreta apropriada ao caso singular, segundo a natureza deste. Consequentemente, esta solução não podia ser extraída exclusivamente da regra, prevista para casos diferentes, e, por isso, era necessário finalmente que a solução levasse em consideração outras fontes. O juiz não decide somente, como o matemático ou como o sábio de gabinete, ou como o lógico moderno. A busca da decisão faz-se por várias formas. De fato, é *polifônica*. No cenário jurídico onde se forma a solução do direito, estão necessariamente presentes os advogados das partes, também o representante da sociedade, ou melhor o fiscal da lei, os representantes legais de terceiros que podem ter interesse no processo; e o juiz, quem resolve. A luz surgirá do debate entre as alegações contrárias. Em lugar da *invenção* de leis abstratas, o direito era, em outro tempo, a *controvérsia*, e deve seguir sendo.

As regras servem como meios para se aproximar da solução definitiva. No fundo, a solução se desprende da natureza de cada caso concreto. O juiz, hoje da mesma forma que antes, não procede por via de silogismos. O que faz é acrescentar depois ficticiamente a aparência de uma forma pseudossilogística. Sabemos muito bem que o trabalho efetivo do juiz consiste hoje, o mesmo que ontem, em buscar a solução de direito por via da dialética; em escolher a regra adequada entre as regras legislativas alegadas pelos litigantes, regras que não são concordes e que não constituem de modo algum uma ordem jurídica homogênea. Consiste, quando isso é necessário, em ir mais além da regra legislativa; em forjar novas regras, em pronunciar uma sentença adequada ao caso concreto, o qual é sempre novo.

Se, na decisão do direito pelo juiz existe sempre essa parte viva e imprevisível, então, é ilusório edificar uma ciência axiológica do direito. Recaséns sustenta que *há menos segurança quando se vive dentro da ficção do regime dedutivo*, do que quando se reconhece, com todas as luzes, o procedimento da controvérsia; e quando se tem consciência de que o tema nuclear da decisão judicial é o exercício da dialética, ou arte do diálogo ou do debate.[86]

Alongou-se em pormenores a exposição do desenvolvimento de Recaséns por entender que oferece uma visão paradigmática dos principais aspectos históricos e atuais da decisão judicial. Devo, não obstante, pontuar alguns aspectos desse enfoque que não me sinto inclinado a subscrever. Porque o temor que a Recaséns, em sua etapa de maturidade, lhe suscita qualquer retorno ao logicismo ou ao formalismo jurídicos, leva-lhe a um erro tático, que é também um erro substancial. A pretensão de erradicar da decisão judicial qualquer menção de logicismo formalista lhe conduz a confundir os termos do problema. Pois a natureza concreta que é própria de qualquer decisão judicial, por se tratar de um ato de aplicação individualizada de regras gerais e abstratas ao caso controvertido, não se deriva que tal processo seja *somente* um ato de vontade de caráter vital ou experimental, alheio a qualquer inferência lógica ou elaboração sistemática. De tudo que até aqui se expôs se desprende que a decisão judicial é uma atividade subsequente a determinadas percepções sensitivas, assim como a determinados exercícios de racionalidade. Desvincular a decisão judicial de sua prévia fundamentação racional equivale a converter a vontade do juiz em voluntarismo; sua decisão em decisionismo. No afã de subtrair o ato de vontade em que a decisão do juiz consiste de qualquer pressuposto e fundamento lógico corre-se o risco de desembocar no extremo contrario,

---

[86] RECASÉNS SICHES, L. *Experiencia jurídica, naturaleza de la cosa y Lógica "razonable"*, cit., p. 424 ss.; id., *Nueva filosofía de la interpretación del Derecho*, p.270 ss.

portanto, no extremismo: o do arbítrio judicial (questão a que se aludirá *infra*).

Deve, também, aduzir-se que, em data mais recente, algumas das inquietudes expressadas por Recaséns, em torno da decisão judicial, levaram a novas formulações teóricas. Entre as mesmas, é preciso aludir a uma tese de Ronald Dworkin que suscitou amplo debate e polêmica. A teoria da aplicação judicial do direito, que Dworkin sustenta, parte de um objetivismo ético-jurídico entendido como possibilidade de derivar princípios materiais válidos para solucionar os processos judiciais a partir de uma suposta, "única resposta correta": *One right answer* (frente a tese cética de que "não existe resposta correta": *No right answer*) dos casos difíceis, a teoria de Dworkin imagina um mítico juiz Hércules, que é capaz de descobrir a "única" resposta juridicamente adequada à solução de cada caso.[87]

Esta teoria da atividade judicial choca com alguns dos pressupostos metódicos e ideológicos mais arraigados no pensamento jurídico contemporâneo. Porque, hoje se reivindica, de diferentes enfoques, a abertura e pluralismo metódico, frente a qualquer tipo de monopólio metodológico. O que leva a conceber os processos hermenêuticos do direito como uma instância crítica, dinâmica e aberta a uma série de alternativas e a um pensamento de possibilidades (*Möglichkeitsdenkens*), que não seria senão o correlato metódico da aposta política em favor de uma sociedade aberta e pluralista.[88]

Em relação às decisões judiciais, supõe uma implícita crítica a tese de Dworkin, a perspectiva metodológica do enfoque de Jon Elster. Em sua obra *Juízos salomônicos*, insistiu nas dificuldades de uma decisão estritamente racional dos processos judiciais. Isso se deve à impossibilidade

---

[87] DWORKIN, R. *Taking Rights Seriously*, cit. p.116 ss.
[88] Cfr. PÉREZ LUÑO, A. E. *El desbordamiento de las fuentes del Derecho*, cit. p. 32 ss.; *Derechos humanos, Estado de Derecho y Constitución*, cit. p. 255 ss.

de falar em uma única solução racional de determinados conflitos e/ou e a impossibilidade de que a pretendida solução racional possa realizar-se.[89] Infere-se desse desenvolvimento a própria ambiguidade que guarda a pretensão de uma única decisão correta. A ideia de "correção" será distinta das diferentes partes que concorrem no processo, ou da própria defesa do interesse público que compete ao Ministério Público. De outro lado, essa ideia de "correção" conduzirá a diferentes decisões ou sentenças, segundo conceba-se sob a perspectiva do parâmetro dos princípios ou das consequências, das premissas deontológicas ou utilitárias.

Uma interessante contribuição recente ao significado da decisão judicial se deve a teoria das normas jurídicas proposta por Herbert Hart. Como é sabido este prestigioso teórico do direto inglês diferencia entre o que denomina: *normas primárias*, que são aquelas que impõe deveres; e *normas secundárias*, que são as que estabelecem determinados poderes de atuação. Entre estas últimas cumprem uma importante função tendente a garantir *segurança jurídica*, as normas que Hart denomina: *"normas de adjudicação"*. Estas normas, em uma sociedade evoluída atribuem-se a alguns órgãos com faculdades para *determinar* se os comportamentos são ou não conformes as normas primárias e para *exercer* eficazmente a pressão contra quem não cumpre as normas. Por isso, estas normas respondem à necessidade de criar algumas normas *secundárias* que estabeleçam um procedimento para decidir quando se transgridem as normas *primárias* e como se materializa a reação social contra o transgressor. Contra a *insegurança na aplicação das normas*, o remédio é uma regra (secundária) de adjudicação. Infere-se da tese de Hart a atribuição aos juízes de uma sociedade moderna de um papel conformador do sistema jurídico ao contribuir através de suas decisões a adjudicar as

---

[89] ELSTER, J. *Juicios salomónicos. Las limitaciones de la racionalidad como principio de la decisión*. trad. cast. C. Gardini, Barcelona: Gedisa, 1995, p. 11 ss.

consequências jurídicas pertinentes às atuações cívicas que possuem transcendência para o direito.[90]

A tese de Hart possui a virtualidade de incidir na necessário relação da decisão judicial com o sistema normativo. Tal exigência manifesta-se em um duplo plano: de una parte, os poderes de adjudicação do juiz procedem do sistema de fontes normativas vigentes em un determinado ordenamento jurídico; de outra, a vontade judicial de adjudicar faculdades e obrigações, desenvolve-se a partir das normas de procedimento e as normas substantivas vigentes no ordenamento jurídico de que se trata. Esta observação resulta imprescindível para situar a decisão judicial em seus devidos termos. Com efeito, a crítica ao logicismo da decisão judicial, não deve confundir-se com a impugnação do caráter normativo de tal decisão: uma coisa é que a decisão do juiz não se traduza em um ato de estrita lógica formal e outra diferente que esse ato decisório realize-se a margens das normas do sistema jurídico em que se produz. De igual modo, tal como se teve ocasião de apontar *supra*, o debate sobre a significação criadora das decisões judiciais, não significa situar as sentenças a margem do ordenamento jurídico. Precisamente, esse debate, representa a manifestação de uma pluralidade de concepções sobre o sentido do direito e o conceito do direito.

Do que foi mencionado anteriormente infere-se a negação de qualquer tentativa de identificar a decisão judicial com a arbitrariedade decisionista do juiz. Para não incidir nos meandros doutrinários da velha controvérsia sobre a procedência e alcance do arbítrio judicial, que suporia transcender os limites desta reflexão, estimo de interesse recordar um texto, em que de forma concluinte se expressa na incompatibilidade de qualquer decisão judicial arbitrária com o Estado de direito. Do *Catecismo político, ordenado para a Constituição da Monarquia espanhola*, os liberais gadi-

---

[90] HART, H. *The Concept of Law*, cit., p. 132 ss.

tanos em seu afã de promover a pedagogia cívica do texto dedicarão a Lição XIV dessa obra a temática: *"Da administração da justiça"*. Em mencionado capítulo e respondendo à pergunta de se é procedente que o juiz possa atuar contra qualquer cidadão conforme a sua vontade, responde-se nestes termos inequívocos: "Se os juízes tivessem esta faculdade, seria inútil a divisão de poderes, pois a arbitrariedade que se evita com ela no Rei, trasladaria-se aos juízes, e então no lugar de somente um déspota teríamos tantos déspotas como juízes".[91]

5. Conclusão: as três dimensões do julgar e o tridimensionalismo jurídico

Os três aspectos ou dimensões em que é possível separar conceitualmente a atividade de julgar estão envoltos na experiência jurídica do processo. As diferenças analíticas expostas nos apartados anteriores tentaram clarificar, no plano metódico-jurídico, os distintos momentos e atividades que concorrem na tarefa de julgar. Não parece ocioso insistir, agora, ao retornar o fio condutor e concluir estas considerações, na necessidade de conceber o "julgar" como síntese de algumas atividades de percepção, de argumentação racional e de decisão. A falta de qualquer destas dimensões determinará o caráter incompleto ou defeituoso do julgamento. Sua concorrência no processo poderá, não obstante, acomodar-se nas diferentes conjecturas que se refletiram nos distintos parágrafos desta investigação.

A tripla dimensão de julgar convida a estabelecer nexos de analogia com relação à concepção do tridimen-

---

[91] *Catecismo político, arreglado a la Constitución de la Monarquía española,* se cita por la ed. facsímil a cargo de CALVO, J. (A partir del texto Reimpreso por Quincozes, Málaga 1820), Málaga: Facultad de Derecho de la Universidad de Málaga, 1992, p. 64.

sionalismo jurídico. A experiência jurídica possui uma significação complexa e problemática que não consente com fáceis e ardilosas simplificações. Toda sociedade, com independência de sua amplitude e grau de evolução, precisa regular as relações entre seus membros mediante normas que possibilitem a convivência. O termo "direito" costuma aludir as *condutas* dirigidas a crer, aplicar ou cumprir essas normas; também, ao resultado dessa atividade formalizada em um conjunto de *normas* ou regras sociais de comportamento; assim como aos *valores* para a convivência que inspiram, ou cujo objetivo orientam, essas condutas, precisamente, nessa experiência de vida coletiva que se pode definir como: *conjunto de ações sociais criadoras "de" ou reguladas " por" normas, que devem estabelecer uma ordem justa em um determinado contexto histórico.* O direito possui uma inquestionável significação social, normativa e axiológica, mas não pode reduzir-se unilateralmente, nem ao fato social, nem a norma, nem ao valor. Por isso, as tentativas doutrinárias encaminhadas para conseguir as mais altas quotas de claridade, rigor e sistematicidade em função de negar as dimensões sociais e valorativas do direito para circunscrever-se a sua faceta sistemática e normativa, terminam sendo uma pura abstração.

As três dimensões ou planos do direito interferem-se e implicam entre si de forma necessária. Isolá-los, como se não existisse comunicação entre eles, em função de um critério "estético" de perfeição ou harmonia do sistema lógico-formal, não somente é errôneo do ponto de vista metodológico, mas também perigoso politicamente. Já que a coerência lógica e o rigor sistemático de um ordenamento jurídico não representam garantias da legitimidade ou justiça de seus conteúdos normativos. Em qualquer experiência jurídica advertem-se essas três dimensões básicas do direito. Em um processo penal por homicídio ocorrido como consequência de um acidente de tráfego, parte-se de um *fato* da vida humana: a morte de uma pessoa como consequência de um atropelamento; supondo-se que foi regulado (tipificado) pelas *normas* do Código Penal; e isso em função de que a vida humana se considera um *valor* que o ordenamento jurídico deve proteger.

É certo que a história registra numerosos exemplos de sistemas de direito positivo afastados ou abertamente contrários a justiça e que inclusive nos ordenamentos jurídicos legítimos (Estados de direito) podem dar-se episódios de injustiça. Mas, precisamente, podem-se qualificar essas experiências de injustiça como tais, porque existe um exercício de racionalidade intersubjetiva que tende até o correto direito. Se não existisse uma experiência racional paradigmática do direito justo, não poderiam detectar suas formas turbas, deficientes ou degradadas. Na ordem jurídica, os episódios de injustiça são formas parasitárias de perfeição. Porque, os exemplos injustos do direito existem graças a que existe nos homens a convicção racional de que é possível e desejável organizar a vida social, não somente em termos de ordem e coação, mas sim, segundo regras que salvaguardam as liberdades e o bem-estar coletivo, ou melhor, segundo os princípios de um direito justo.[92]

A condição tridimensional do direito convida a conjecturar a possibilidade de que essa condição seja corroborada através das três dimensões nas quais se desmembra o poder de julgar. Porque, resulta óbvio que a significação sensitiva e perceptiva do julgamento alude a *fatos* conformadores de experiências jurídicas. O componente racional em que todo julgamento pretende fundar-se, trata-se de um *valor* e, portanto, consiste em uma aspiração até o julgamento justo. Assim mesmo, a atividade decisória em que consiste julgar deve realizar-se no seio de sistemas e estruturas *normativas*, que a preservem da arbitrariedade.

---

[92] Cfr. PÉREZ LUÑO, A. E. *Lecciones de Filosofía del Derecho. Presupuestos para una filosofía de la experiencia jurídica,* Sevilla: Mergablum, 9ª ed., 2006, p. 43 ss.; id., *Teoría del derecho,* cit. p. 38 ss.

A tarefa de julgar representa um aspecto básico e inseparável da experiência jurídica. Contribuir para clarificar seu significado tem sido o principal propósito destas reflexões. Ao concluí-las estimo que do itinerário reflexivo que foi seguido até aqui, possa inferir-se algumas consequências:

1ª) Que a intenção de responder a pergunta: o que significa julgar? Remete a outras questões concomitantes: o problema da criação judicial do direito e os ingredientes constitutivos do julgamento;

2ª) Que as diferentes concepções jurídicas da dimensão criativa da função judicial, das quais se colocaram até aqui foram esboçadas através de um mapa de modelos teóricos, mas somente duas resultam abertamente incompatíveis com o Estado de direito: o modelo demiúrgico e as doutrinas que postulam o arbítrio judicial;

3ª) Que o valor teórico-jurídico dos seis modelos restantes que integram essa proposta taxonômica faz-se em direta relação com sua capacidade explicativa para descrever a tarefa de julgar nos diferentes sistemas do constitucionalismo comparado. Isso não é óbice para que a Filosofia jurídica possa propor modelos prescritivos do que estime deva ser o paradigma ideal da função de julgar no Estado de direito;

4ª) Que para elucidar o sentido do julgamento parece-me mais fértil a investigação dos processos emoldurantes da decisão judicial, que a reincidência nos conhecidos debates sobre se os juízes criam ou não direito. Esta opinião metódica permite desenvolver o significado do julgamento como resultado de um processo em que se articulam percepções sensitivas, ou raciocínios e vontades, normativamente enclausuradas, do julgador;

5ª) Que o âmbito normativo, no qual a decisão judicial se inscreve e se explicita, não esgota seu significado pleno. A decisão do juiz é uma manifestação de justiça processual, ou melhor, uma tarefa realizada das normas vigentes em um ordenamento jurídico. Mas isso não exime o juiz da busca da solução correta do caso concreto, em termos de justiça material. Justiça formal e justiça material devem implicar-se plena e simultaneamente na tarefa de julgar. Esta proposta se afasta de algumas decisões de nosso Tribunal Constitucional que, como se teve ocasião de expor, sustentam que a exigência de motivação racional das decisões judiciais se circunscreve à correta aplicação do direito, mas que se submeta ao acerto, em termos de justiça material, do caso concreto.

Mais de acordo com uma interpretação sistemática de nosso vigente texto constitucional, parece-me a tese contrária, a que auspicia a conexão do valor superior da justiça, entendida em sua acepção material, que emana do art. 1.1. da C. E. com sua versão formal, que se concretiza nas garantias procedimentais prescritas art. 24 da própria CE.

Mesmo não sendo a opção hermenêutica prevalente na jurisprudência do TC, a tese aqui proposta se faz abalizada por algumas de suas decisões. Assim, a que proclama que: "o princípio da justiça (art. 1.1) e, por extensão, o da força vinculante dos direitos fundamentais (art.53.1CE) leva a fazer preponderar a preocupação pela justiça do caso concreto e a declarar a invalidade de todos os atos dos poderes públicos que os desconheçam, ou que seja resultado de um procedimento... no curso do qual tenham sido ignorados" (STC 63/1982, FJ 3).

A importância da dimensão axiológica do julgamento tem sido destacada por Ronald Dworkin em seu último livro cujo título, muito significativo aos efeitos desta exposição é *Justice in Robes* (*A justiça com toga*). Nessa obra Dworkin narra o episódio em que célebre juiz Oliver Wendell Holmes magistrado do Tribunal Supremo americano, convidou a um jovem para acompanhar-lhe até seu carro. Quando o jovem desceu, saudou o juiz e como um modo de reconhecimento e despedida lhe disse: "Faça justiça, magistrado". Holmes parou o veículo e se dirigiu ao jovem e lhe disse: "esse não é meu trabalho". Dworkin reprova que qualquer juiz não tenha como missão básica e radical fazer justiça. Para Dworkin a tarefa de julgar não consiste na mera aplicação do direito positivo, mas sim na busca da sentença justa. Os juízes, na opinião de Dworkin, não devem limitar sua tarefa na mera identificação das normas aplicáveis a cada processo. De modo especial, naqueles casos em que dessa aplicação derivariam consequências abertamente injustas ou ineficazes, devem remeter-se aos princípios nos quais se inserem os grandes valores morais e políticos da comunidade, para propiciar a sentença justa.[93]

Se bem se observar estas recentes inquietudes formuladas pelo célebre jurista norte-americano Dworkin, não fazem senão reformular a velha máxima tomista a qual: *"Iudex est interpres Iustitiae"*.[94]

---

[93] DWORKIN, R. *Justice in Robes*, cit., p. 1 y 25 ss.
[94] TOMAS DE AQUINO, *Summa Theologiae*, II-II, q. 67, a.3c.

Impressão:
Evangraf
Rua Waldomiro Schapke, 77 - POA/RS
Fone: (51) 3336.2466 - (51) 3336.0422
E-mail: evangraf.adm@terra.com.br